ÍNDICE

SIELE y consejos......................página 4

Nivel A1...............................página

Nivel A2...............................página

Nivel B1...............................página 6

Nivel B2...............................página 82

Nivel C1...............................página 107

Modelo de examen......................página 131

Modelo 0..............................página 161

Preparación para el examen SIELE

¿Qué es el SIELE?

El examen SIELE (Servicio Internacional de Evaluación de la Lengua Española) certifica el grado de dominio del español que tienen los estudiantes. El examen se realiza **con un ordenador** y los **resultados se obtienen en unas pocas semanas**.

Lo mejor del SIELE es la **flexibilidad** a la hora de decidir cuándo y dónde queremos hacer el examen. Cada candidato puede **elegir la fecha, la hora e incluso el lugar** en el que quiere realizarlo.

El examen SIELE tiene **cuatro pruebas**:

- Comprensión de lectura
- Comprensión auditiva
- Expresión escrita
- Expresión oral

La duración total del examen es de tres horas con un descanso de quince minutos entre las pruebas de comprensión auditiva y expresión escrita. Se puede realizar el examen completo o solo una parte de él, en tal caso se obtendrá un certificado que acredita las pruebas que se han realizado.

En este libro, al igual que en el examen, la dificultad de los ejercicios aumenta progresivamente y de este modo se determina el nivel del estudiante (A1, A2, B1, B2, C1).

La vigencia del certificado es de cinco años, aun así, en un Currículum Vitae profesional es recomendable incluir los resultados en este prestigioso examen a pesar de que el título esté caducado.

Se puede realizar la prueba en prácticamente todo el mundo, simplemente hay que inscribirse en la página web www.siele.org

SIELE

PREPARACIÓN PARA EL EXAMEN

Ramón Díez Galán

Consejos para la prueba de Comprensión de lectura

Tendrás 60 minutos para realizar esta prueba.

Leerás textos que irán aumentando de nivel. En este apartado todas las respuestas puntúan lo mismo, tanto las fáciles como las difíciles, así que asegúrate de no cometer errores tontos en las primeras tareas. Los errores no restan aciertos, así que es mejor contestar a todas las preguntas. También hay que tener en cuenta que las preguntas siguen el orden de la información en el texto, así que buscaremos la información para responder a la primera pregunta en la parte superior del texto, y para responder a la última en la parte inferior. Hay que llevar cuidado y buscar la opción correcta porque quiere decir <u>lo mismo que la expresión en el texto</u>, no debemos seleccionar una opción solo por tener una palabra que aparece en el texto.

· La Tarea 1 es de nivel A1, tendrá verbos en presente, regulares e irregulares. Deberás leer 5 textos breves y contestar a una pregunta tipo test para cada uno de ellos. Pueden tratarse temas como los viajes, anuncios en el periódico, ofertas, planes con amigos etc. Practica los números, las horas, los días de la semana, los meses del año, vocabulario de casa, transportes, ocio, tiendas, comidas y bebidas.

· La Tarea 2 es de nivel A2, contiene un texto más extenso y utiliza los tiempos pasados, tratará sobre experiencias, viajes y opiniones. El estudiante deberá responder a 5 preguntas eligiendo entre 3 posibles respuestas.

· La Tarea 3 es de nivel B1, leeremos 3 textos breves y asociaremos 8 frases a los textos. Debemos leer bien cada uno de los textos pues la información será similar y podríamos confundirnos.

· La Tarea 4 es de nivel B2, deberemos completar dos textos con fragmentos que faltan. Tendremos que fijarnos bien en los conectores, los pronombres personales y los demostrativos para poder elegir el fragmento correcto.

· La Tarea 5 es de nivel B2/C1, se trata de un texto extenso al que le faltan doce palabras o expresiones, deberemos elegir entre tres opciones para cada hueco. Debemos practicar las preposiciones que acompañan a los verbos, los conectores menos habituales y vocabulario de temas laborales y académicos.

Consejos para la prueba de Comprensión auditiva

Tendrás 55 minutos para realizar esta prueba.

Los audios comenzarán automáticamente y se escucharán dos veces. En este apartado todas las respuestas puntúan lo mismo, tanto las fáciles como las difíciles, así que asegúrate de no cometer errores tontos en las primeras tareas. Los errores no restan aciertos, así que es mejor contestar a todas las preguntas. Utiliza bien el tiempo que tienes para leer, es más sencillo responder a las preguntas si ya conoces y entiendes las posibles respuestas.

· En la Tarea 1 escucharemos una conversación y deberemos completar los enunciados eligiendo la palabra correcta entre 15 posibles. Es de nivel A1.

· En la Tarea 2 escucharemos un audio y deberemos contestar a 5 preguntas tipo test con tres opciones cada una. Es de nivel A2.

· En la Tarea 3 tendremos que escuchar 8 monólogos y relacionaremos cada uno de ellos con un enunciado. Habrá 11 opciones disponibles. Es de nivel B1.

. En la Tarea 4 escucharemos una entrevista y responderemos a 8 preguntas tipo test con tres opciones cada una. Es de nivel B2.

· En la Tarea 5 tendremos un audio dividido en 6 fragmentos, deberemos elegir la idea de cada uno de los fragmentos. Es de nivel B2/C1.

· En la Tarea 6 escucharemos una conferencia, de entre 12 expresiones escogeremos las 6 que se han tratado en el audio. Es de nivel C1.

Consejos para la prueba de Expresión e interacción orales

Tendrás entre 15 y 20 minutos para realizar esta prueba.

En el examen vas a hacer discursos y a responder a preguntas frente al ordenador, no vas a tener a otra persona para mantener una conversación normal. Por lo tanto, deberías practicar hablando solo, es decir, haciendo monólogos.

· En la Tarea 1 tendrás que responder a cuatro preguntas personales, dos de ellas en presente y las otras dos en futuro o en pasado. Por ejemplo: *¿Dónde trabajas? ¿Qué hiciste el verano pasado?*

· En la Tarea 2 deberás describir una foto. Utiliza la estructura "estar + gerundio" para explicar lo que hacen las personas de la foto. Por ejemplo: *El hombre está cortando la manzana.* También debes practicar los adverbios de lugar para poder decir dónde están las personas y los objetos. Por ejemplo: *La nevera está al lado del horno.*
Hay un pequeño esquema que puedes seguir para esta tarea: descripción general, hablar de las personas y sus características, hablar de lo que están haciendo (estar + gerundio), hablar de su edad aproximada y de su carácter, hablar del tiempo y relacionarlo con la ropa (creo que es verano porque la chica lleva una camiseta de manga corta, hablar de las posiciones de los objetos, dar tu opinión (yo pienso que…).

· En la Tarea 3 te enfrentarás a dos simulaciones de situaciones reales, invitar a un amigo a tu casa, cambiar una cita, organizar un evento, etc. Debes practicar los saludos y despedidas, organizar encuentros, proponer planes, disculparte por tus errores, pedir favores y consejos, etc.

· En la Tarea 4 leerás un artículo de prensa y escucharás preguntas en forma de audio, deberás contestar con opiniones e hipótesis. Es aconsejable practicar todos los conectores para expresar opiniones. Por ejemplo: *Yo creo que…, Yo opino que…, Me parece bien que…, No pienso que…*

· En la Tarea 5 tendrás que realizar un monólogo de tres minutos, es muy recomendable practicar en casa este tipo de ejercicio para no quedarse en blanco durante el examen. Tendrás un tiempo para preparar un esquema y así guiar tu discurso. Puedes practicar cómo presentar tu opinión sobre un tema, justificar tu opinión y poner ejemplos.

Consejos para la prueba de Expresión e interacción escritas

Tendrás 50 minutos para realizar esta prueba.

Debes acostumbrarte a escribir en español en el ordenador, tendrías que practicar en casa teniendo en cuenta el tiempo de la prueba. El número de palabras que se exigen para los textos es orientativo, es mucho más importante que las frases tengan sentido a que sean largas y no tengan una estructura correcta. También debes recordar que puedes hacer opiniones personales, pero siempre es recomendable mantener el tema propuesto para el ejercicio.

Podrás hacer anotaciones y tener un esquema orientativo.

La Tarea 1 es de nivel básico, mientras que la Tarea 2 es de nivel alto (B2/C1). Si tu nivel de español no es muy alto debes dedicar más tiempo a realizar perfectamente la Tarea 1.

Debes utilizar conectores y escribir lo que se te pide, no sirve de nada un texto muy largo si no has respondido a lo que la prueba te exige.

· En la Tarea 1 deberás escribir algo sobre la vida cotidiana, enviar cartas y correos electrónicos a familiares y amigos, escribir mensajes para profesores o jefes. Utilizarás el presente, pasado y futuro.

· En la Tarea 2 tendrás dos opciones, elegirás una. Escribirás una carta oficial, presentándote y exponiendo un problema, o bien opinarás sobre un tema en concreto, también podrías tener que enfrentarte a artículos de periódico. En esta tarea debes opinar, comparar, proponer soluciones, hablar de situaciones imaginarias etc.

Nivel A1

PRESENTE

	Trabajar (-AR)	Comer (-ER)	Vivir (-IR)
(yo)	trabaj-o	com-o	viv-o
(tú)	trabaj-as	com-es	viv-es
(usted, él, ella)	trabaj-a	com-e	viv-e
(nosotros, -.as)	trabaj-amos	com-emos	viv-imos
(vosotros, -as)	trabaj-áis	com-éis	viv-ís
(ustedes, ellos, -as)	trabaj-an	com-en	viv-en

VERBOS IRREGULARES

E > IE

Entender

ENTIENDO
ENTIENDES
ENTIENDE
ENTENDEMOS
ENTENDÉIS
ENTIENDEN

*Tener, querer, perder, sentir, empezar, comenzar, despertar, fregar, recomendar, venir, preferir.

O > UE

Volver

VUELVO
VUELVES
VUELVE
VOLVEMOS
VOLVÉIS
VUELVEN

*Costar, morir, acostar, doler, dormir, llover, volar, recordar, soñar, encontrar, colgar.

E > I

Pedir

PIDO
PIDES
PIDE
PEDIMOS
PEDÍS
PIDEN

*Corregir, freír, vestir, decir, embestir, derretir, competir, despedir, seguir, repetir.

1º PERSONA SINGULAR –G-

Hacer = yo hago

Salir = yo salgo

Decir = yo digo

Poner = yo pongo

Tener = yo tengo

Caer = yo caigo

Traer = yo traigo

Venir = yo vengo

Oír = yo oigo

GERUNDIO

Se utiliza para hablar de cosas que suceden en el mismo momento.

El gerundio se forma sustituyendo las terminaciones del infinitivo (-ar, -er, -ir) por **-ando**, **-iendo**.

Estar + Gerundio

ESTAR	Para formar el **GERUNDIO** cambiamos:
Yo **estoy**	· La terminación de los verbos (-ar) por (**-ando**)
Tú **estás**	
Él / ella /usted **está**	trabajar = **trabajando** hablar = **hablando**
Nosotros **estamos**	
Vosotros **estáis**	· La terminación de los verbos (-er), (-ir) por (**-iendo**)
Ellos / ellas / ustedes **están**	
	comer = **comiendo** vivir = **viviendo**

· Ahora **estoy paseando** por la playa de Alicante.
· Los periodistas **están escribiendo** la noticia.

Seguir + Gerundio

SEGUIR	· La terminación (-ar) por (**-ando**)
Yo **sigo**	trabajar = **trabajando** hablar = **hablando**
Tú **sigues**	
Él / ella /usted **sigue**	· La terminación (-er), (-ir) por (**-iendo**)
Nosotros **seguimos**	
Vosotros **seguís**	comer = **comiendo** vivir = **viviendo**
Ellos / ellas / ustedes **siguen**	

· Ramón **sigue viviendo** en Elche.
· ¿**Sigues trabajando** en la empresa de tu padre?

VERBOS IRREGULARES

Decir = diciendo   Dormir = durmiendo   Morir = muriendo
Pedir = pidiendo   Divertir = divirtiendo   Servir = sirviendo

· Son las tres de la noche y Roberto no **está durmiendo**.
· Espera un momento, Cristina y Javier **están pidiendo** la cuenta.

IMPERATIVO AFIRMATIVO

Se utiliza para dar órdenes.

En España se emplean principalmente las personas *tú* y *vosotros*.

Tú	Vosotros
Debemos tomar la 3º persona del singular del presente de indicativo. Comprar -> *compra* Beber -> *bebe* · *Come más.* · *Limpia la casa.* **Irregulares** Ir = *ve* Hacer = *haz* Tener = *ten* Poner = *pon* Ser = *sé* Venir = *ven* Salir = *sal* Decir = *di* · *Ven aquí.* · *¡Ten cuidado!* **Los pronombres átonos se colocan detrás del verbo formando una sola palabra.** · *Dime la verdad.* · *Ponlo encima de la mesa.*	Debemos cambiar la R del infinitivo por D. Comprar -> *comprad* Beber -> *bebed* · *¡Salid de aquí!* · *Id al cine con Marta.* **Los pronombres átonos se colocan detrás del verbo formando una sola palabra.** · *Compradle algo bonito.* · *Decidme cómo se llama.* **Cuando se añade el pronombre átono "os" desaparece la D.** · *Bebeos todo el zumo.* · *Poneos la ropa.*

En Sudamérica se utilizan principalmente las personas **usted** y **ustedes**. Tanto para estas personas como para la persona **nosotros** y el **imperativo negativo** debemos usar el subjuntivo.

Para la mayoría de los verbos se toma la primera persona del singular del presente de indicativo, se quita la "o" (tener -> yo tengo -> yo teng-) y se añaden las terminaciones:

	Trabajar (-AR)	Comer (-ER)	Vivir (-IR)
(usted)	trabaj-e	com-a	viv-a
(nosotros, -.as)	trabaj-emos	com-amos	viv-amos
(ustedes)	trabaj-en	com-an	viv-an

· *Venga aquí señor.*
· *No compren en esa tienda.*

VERBOS IRREGULARES

Ser	Estar	Ir	Dar	Saber
usted sea	usted esté	usted vaya	usted dé	usted sepa
nosotros seamos	nosotros estemos	nosotros vayamos	nosotros demos	nosotros sepamos
ustedes sean	ustedes estén	ustedes vayan	ustedes den	ustedes sepan

COSAS CLAVES QUE SUELEN APARECER EN EXÁMENES DE NIVEL A1

· Masculino / femenino.

· Singular / plural.

· Días de la semana.

· Colores.

· Sábado y domingo = fin de semana.

· Por la mañana / tarde / noche.

· Meses del año.

· Solo / con alguien.

· Localización de lugares (al lado de / cerca / lejos…) *Mi casa está lejos del supermercado.*

· Miembros de la familia (padre / madre / tío / abuela…)

· También / tampoco.

· Hay.

· Me gusta / no me gusta / me encanta / odio.

· Aquí / ahí / allí.

· Ahora / hoy / mañana.

· Mucho / bastante / poco.

· Estar + adjetivo (estoy cansado / estamos felices…)

· Pero.

VOCABULARIO DE NIVEL A1

Pelo	Soltero	Instituto
Ojo	Casado	Clase
Nariz	Viudo	Estudiante
Alto	Divorciado	Horario
Bajo	Marido	Examen
Gordo	Pasaporte	Pregunta
Delgado	Carné de identidad	Libro
Guapo	Llaves	Papel
Feo	Cartera	Bolígrafo
Rubio	Bolso	Lápiz
Moreno	Maleta	Empresa
Claro	Reloj	Oficina
Oscuro	Gafas	Tienda
Levantarse	Ordenador	Comprar
Ducharse	Tarjeta de crédito	Vender
Comer	Padre	Vacaciones
Beber	Madre	Película
Trabajar	Hermano	Concierto
Simpático	Hijo	Teatro
Inteligente	Tío	Cine
Trabajador	Sobrino	Página web
Alegre	Abuelo	Arroba
Serio	Nieto	Punto
Tímido	Primo	Apartamento
Sociable	Pareja	Estudio
Nombre	Novio	Ascensor
Apellido	Amigo	Escalera
Edad	Jefe	Cocina
Llamarse	Compañero	Dormitorio
Dirección	Fiesta	Garaje
Correo electrónico	Desayuno	Armario
Calle	Comida	Estantería
Avenida	Merienda	Ducha
Piso	Cena	Pantalones
Número	Agua	Falda
Casa	Leche	Camisa
Habitación	Té	Zapatos
País	Café	Precio
Pueblo	Carne	Dinero
Teléfono móvil	Pescado	Enfermo
Fecha	Fruta	Médico
Lugar	Verdura	Enfermera
Nacimiento	Bocadillo	Farmacia
Nacionalidad	Postre	Jabón
Extranjero	Ensalada	Maleta
Joven	Sopa	Plano
Viejo	Camarero	Publicidad
Hombre	Mesa	Playa
Mujer	La cuenta	Montaña

1. Elija la opción correcta.

1. Yo no .... (querer) ir a Pamplona y tú no .... (querer) ir a Burgos.
a) quiero / quiere b) quiere / quieres c) quiero / quieres

2. Ahora María .... (vivir) en Toledo, pero .... (ser) de Albacete.
a) estoy viviendo / soy b) está viviendo / es c) está viviendo / eres

3. José no puede hablar porque .... (dormir) la siesta.
a) está durmiendo b) duermo c) estás durmiendo

4. A mi hermano y a mi padre .... las patatas bravas.
a) nos gustan b) les gustan c) gustan

5. Yo voy .... trabajo .... bici y mi amigo .... pie.
a) al / en / a b) en / a / en c) al / con / con

6. Yo no .... (poder) hablar español, pero .... (saber) que no es difícil.
a) puede / sé b) puedo / sé c) puedo / sabe

7. Nosotros .... (ir) al cine todos los sábados.
a) vais b) van c) vamos

8. .... gato se llama Marco, ¿y ....?
a) Mi / el tuyo b) Mi / el de ti c) Mío / tuyo

9. María Cristina .... (despertarse) todos los días a las 8:00.
a) se despierta b) me despierto c) despierta

10. Normalmente, yo juego .... tenis .... domingos.
a) al / en b) al / los c) en / los

11. El hijo de mi tío es mi ....
a) primo b) sobrino c) hermano

12. Él .... (trabajar) ahora, llámale al teléfono de la oficina.
a) estás trabajando b) estoy trabajando c) está trabajando

13. Yo .... (hacer) ejercicio tres veces a la semana.
a) hizo b) hago c) hace

14. Marta .... (ducharse), espera aquí cinco minutos.
a) se está duchando b) está duchándose c) a y b son correctas

15. Yo vivo en el .... piso y mi amiga en el ....
a) primer / segunda b) primero / segundo c) primer / segundo

Soluciones: 1 – c, 2 – b, 3 – a, 4 – b, 5 – a, 6 – b, 7 – c, 8 – a, 9 – a, 10 – b, 11 – a, 12 – c, 13 – b, 14 – c, 15 - c

Hola, me llamo Ronaldo, desde hace unos años vivo y trabajo en Madrid. Todos los días me despierto a las ocho, pero no me levanto hasta las ocho y media.

Después desayuno y leo los periódicos deportivos. Me gusta buscar vídeos en internet de mi jugador de fútbol preferido, Leo Messi. Entreno de doce a cuatro y cuarto, siempre voy al entrenamiento a pie, pero vuelvo a mi casa en autobús.

1. Ronaldo dice que:

a) Empieza a entrenar a las 16:15.
b) Va al trabajo en autobús.
c) Necesita treinta minutos para levantarse de la cama.

....

¡Hola Juan!

¿Qué tal las vacaciones? Cristina y yo también vamos a visitar Tenerife la próxima semana. ¿Puedes ayudarnos a encontrar un buen hotel cerca del mar? Creo que, finalmente, no vamos a alquilar un coche, son demasiado caros, así que el hotel debe estar bien comunicado.

Si tienes tiempo podemos quedar mañana en la cafetería de la universidad, la que está al lado del edificio azul. Nosotros vamos a desayunar allí y podemos esperarte con un café.

Contéstame pronto,

Marcos.

2. Marcos dice que:
a) Juan quiere ir a Tenerife.
b) El precio de los coches de alquiler es muy alto.
c) Van a desayunar en la cafetería que está en el edificio azul.

3. Marcos y Juan van a encontrarse en:
a) El edificio azul de la universidad.
b) Una cafetería.
c) Tenerife.

Soluciones: 1 – c, 2 – b, 3 - b

Barcelona

Barcelona es una de las ciudades más cosmopolitas de España. Abierta al resto de Europa. El aeropuerto de Barcelona recibe cada año miles de turistas procedentes de todo el mundo. Sus playas son hermosas y su puerto es un lugar estratégico para la salida de mercancías y entrada de cruceros.

Con una población de más de un millón y medio de habitantes tiene una gran mezcla de culturas. Pasear por sus pequeñas calles o grandes avenidas es encontrar arte, desde trabajos de Antonio Gaudí por muchos de los edificios o parques de esta bella ciudad, hasta verdaderas obras de arte del pintor Pablo Picasso.

Barcelona ha contado a lo largo de los años con los mejores arquitectos de cada época. Conocida por ser una de las ciudades más importantes en España durante la Revolución Industrial, en la actualidad su actividad principal es el turismo y es conocida en todo el mundo por su equipo de fútbol.

1. En Barcelona podemos encontrar:
a) Islas y bosques
b) Diferentes culturas
c) El coliseo romano

2. El deporte más importante en Barcelona es el:
a) Tenis
b) Baloncesto
c) Fútbol

3. Muchos turistas van a Barcelona cada año:
a) En taxi
b) En avión
c) En bici

4. Los cruceros llegan al:
a) Puerto
b) Aeropuerto
c) Parque Güell

5. Los cuadros más importantes de Barcelona son de:
a) Leo Messi
b) Pablo Picasso
c) Antonio Gaudí

Soluciones: 1 – b, 2 – c, 3 – b, 4 – a, 5 - b

Escucha la canción y completa los huecos. (Puedes utilizar YouTube, Spotify etc.)

"La Camisa Negra" Juanes

Tengo la (1)..................... negra
hoy mi amor está de luto
Hoy (2)..................... en el alma una pena
y es por culpa de tu embrujo
Hoy sé que tú ya no me (3).....................
y eso es lo que más me hiere
que tengo la camisa negra
y una pena que me (4).....................

*Mal parece que solo me quedé
y fue pura todita tu (5).....................
que maldita mala suerte la mía
que aquel (6)..................... te encontré*

*Por beber del veneno malevo de tu (7).....................
yo quedé moribundo y lleno de dolor
respiré de ese humo amargo de tu adiós
y desde que tú te fuiste yo solo (8).....................:*

Tengo la camisa negra
porque negra tengo el alma
yo por ti perdí la calma
y casi pierdo hasta mi (9).....................

Cama cama come on baby
te digo con disimulo
Tengo la (10).....................negra
y debajo tengo el difunto

Tengo la camisa negra
ya tu (11)..................... no me interesa
lo que ayer me supo a gloria
hoy me sabe a pura
(12)..................... por la tarde y tú que no llegas
ni siquiera muestras señas
y yo con la camisa negra
y tus maletas en la (13).....................

Soluciones: 1 camisa, 2 tengo, 3 quieres, 4 duele, 5 mentira, 6 día, 7 amor, 8 tengo, 9 cama, 10 camisa, 11 amor, 12 miércoles, 13 puerta

17

Se vende

Apartamento en el centro de Madrid, una habitación, salón, baño y cocina, tercera planta sin ascensor. Cincuenta y cinco metros cuadrados. Amueblado. Aire acondicionado y calefacción central. Precio: 45.000 €.

1. El anuncio es perfecto para:
a) Una estudiante que quiere alquilar un apartamento en el centro.
b) Una familia con niños.
c) Un soltero que quiere comprar un piso barato.

Contigo en cines

Contigo, la nueva película del director español Ramón García, se estrena en los cines de todo el mundo el próximo viernes 13 de febrero a las 21:00. La película cuenta la historia de una pareja que intenta escapar de su trágico pasado, sin embargo, el dolor no desaparece de sus vidas. Contigo nos va a hacer sufrir y llorar junto a los protagonistas.

2. La película Contigo es:
a) Una comedia.
b) Un drama.
c) Una película de terror.

Bar "El Castillo"

Las mejores tapas españolas en un bar diferente. Ven a probar la mejor tortilla de patatas de Sevilla o disfruta de nuestro delicioso gazpacho andaluz. Todos los jueves caña + tapa por 1 €. Estamos en el centro de Sevilla junto al ayuntamiento.

Abrimos todos los días:

· De lunes a viernes, de 08:00 a 23:30.
· Sábados y domingos, de 08:00 a 02:30

3. El bar "El Castillo":
a) Ofrece promociones todos los días.
b) Tiene horarios diferentes los fines de semana.
c) Está dentro del ayuntamiento.

Soluciones: 1 – c, 2 – b, 3 – b

1. Responde a la carta de tu amigo Juan. (Entre 100 y 150 palabras)

¡Hola!

¿Qué tal todo? ¿Es verdad que ahora vives en España? Cuéntame cómo es tu casa. ¿Con quién vives? Yo voy a tener vacaciones el próximo mes así que puedo ir a visitarte. ¿Qué podemos hacer en tu ciudad? ¿Puedo dormir en tu casa o tengo que buscar un hotel?

Espero tu respuesta.

Juan.

....
....
....
....
....

2. Describe a tu mejor amigo/a. ¿Cómo es? ¿Qué le gusta hacer? ¿Estudia o trabaja?

....
..
....
....
....
....

No hay una única respuesta para este ejercicio, es recomendable escribir en un editor de texto, por ejemplo, Microsoft Word, con el diccionario en español. De este modo puedes comprobar tus faltas de ortografía.

Ejemplos de soluciones:

1- Buenos días Juan. Sí, es verdad, ahora vivo y trabajo en Valencia. Mi casa es muy grande y está en el centro de la ciudad, tiene cuatro habitaciones, dos baños, un salón muy amplio y una cocina un poco vieja. Lo que más me gusta de mi casa es el balcón donde puedo tomar el sol. Vivo con tres chicos españoles, uno de ellos trabaja conmigo y vamos todos los días juntos en autobús.
Sí, puedes venir a visitarme, no tengo una cama para ti, pero puedes dormir en el sofá. Podemos visitar el centro de la ciudad y comer en mi restaurante de tapas preferido. Mi número de teléfono español es el: 607854213. Llámame y dime qué día vas a venir.
Hasta pronto.

2- Mi amiga Laura es alta, flaca y muy guapa. Ella es la chica más simpática que conozco, siempre está feliz y nunca tiene problemas. Ella es argentina, de Buenos Aires, pero ahora vive en Toledo. Laura tiene el pelo muy largo, liso y moreno. Ella tiene los ojos marrones y muy bonitos, normalmente lleva gafas, pero a veces utiliza lentillas. A Laura le gusta mucho leer libros y bailar, todos los jueves va a clases de baile con sus amigas. Ella estudia medicina en la universidad de Toledo y durante los fines de semana trabaja en un restaurante como camarera.

Visita al Zoo

El próximo viernes tenemos la visita al Zoo, vamos a salir a las nueve desde la escuela. Los alumnos van a poder ver comer a los leones y los cocodrilos. Vamos a ir en autobús junto con los alumnos de secundaria. Sus hijos deben llevar: gorra, zapatos cómodos, agua y un bocadillo para almorzar.

1. El mensaje es para...
a) los profesores de la escuela.
b) los padres de los alumnos.
c) los trabajadores del Zoo.

....

Se busca profesor de matemáticas

Mis hijos están en el último curso de la escuela secundaria y necesitan preparar el examen final. Buscamos un profesor particular para tener clases en nuestra casa dos días a la semana. Podemos pagar diez euros/hora. Vivimos en el barrio de la Magdalena en un cuarto piso sin ascensor. Interesados llamar al teléfono: 605 786 544

2. Para subir a casa de la familia...
a) hay que utilizar el ascensor.
b) hay que utilizar las escaleras.
c) hay que utilizar el teléfono.

....

Viaje a Tenerife

Seis días en la fantástica isla de Tenerife con todo incluido en hoteles de cuatro estrellas. Puedes reservar tu viaje en las oficinas de Gorrión viajes o en nuestra página web www.gorrionviajes.es. Salidas desde Alicante, Madrid o Barcelona todos los lunes de julio y agosto. Consulta los precios y detalles del viaje en nuestra web.

3. El viaje a Tenerife...
a) es en verano.
b) es en otoño.
c) es demasiado caro.

Soluciones: 1 – b, 2 – b, 3 – a

Hola Jorge:

Soy James. Estoy muy contento de ser tu amigo por correspondencia, ahora puedo mejorar mi español, gracias a ti tengo mucha motivación y voy a aprender muy rápido.

Hoy quiero hablar de mi familia. En mi familia somos cinco personas: mis padres, mis hermanos y yo.

Mi padre se llama James, como yo. Tiene 48 años y es ingeniero, trabaja en una oficina en el centro de la ciudad. Él es alto, moreno y tiene el pelo corto y liso. Mi padre es una persona simpática, pero a veces se enfada un poco conmigo y con mis hermanos. Le gusta la música rock, el cine y jugar al fútbol.

Mis hermanos son menores que yo: mi hermana Cristina tiene 15 años y es estudiante de secundaria, siempre dice que de mayor quiere ser abogada como mi madre. Es alta, rubia y tiene el pelo corto y liso. A mi hermana le gusta salir con sus amigos y hacer deporte. Mi hermano pequeño se llama Daniel, tiene 11 años y estudia en la escuela. Es delgado y bastante alto para su edad. También es rubio y muy alegre. A Daniel le gusta jugar a los videojuegos y leer.

Yo soy el hermano mayor. Tengo 20 años y estudio español en la universidad. Soy alto, delgado y tengo el pelo corto, rubio y liso. Me gusta mucho estudiar español y salir con mis amigos.

¿Cómo es tu familia? Espero tu respuesta,

James.

1. La madre de James:
a) Es profesora
b) Es abogada
c) Es ingeniera

2. El padre de James se llama:
a) Igual que él
b) Igual que su hermano
c) Diferente a él

3. A la hermana de James:
a) No le gusta practicar deporte
b) Le gusta salir con amigos
c) Le gusta estudiar español

4. Cristina es:
a) Menor que Daniel
b) Mayor que James
c) Mayor que Daniel

Soluciones: 1 – b, 2 – a, 3 – b, 4 - c

Completa con las palabras que faltan:

Chile

Chile es un país de América del Sur. Su nombre oficial (1)............ República de Chile y su capital es la ciudad de Santiago.

La (2)............ oficial de Chile es el español, y su moneda el peso chileno. La población es mestiza, mezcla de europeos e indígenas.

Tiene una población de unos 18 millones de habitantes, de los cuales 7 millones viven (3)............ la capital.

Es considerado un país de ingreso alto y en vías de desarrollo. Su población tiene los índices de alfabetización (4)............ altos de América Latina.

La gran extensión de Chile, equivalente a cruzar Europa desde el extremo norte de Noruega (5)............ el extremo sur de España, da origen a una gran variedad de climas.

Chile es esencialmente un país para disfrutar de (6)............ naturaleza y ofrece a cada visitante una experiencia única.

Podemos encontrar 6435 kilómetros de costa, lagos, volcanes, glaciares, valles, bosques y desiertos.

Santiago, capital de Chile, es una metrópolis moderna, con altos niveles de seguridad, excelente infraestructura hotelera y una amplia oferta gastronómica, el centro histórico de Santiago (7)............ uno de los más interesantes de Sudamérica. Desde aquí se puede ir a las playas del litoral central y a importantes centros de esquí, en solo una hora de viaje.

La cocina chilena refleja la influencia española mezclada con las raíces indígenas que dan identidad a los (8)............ regionales. Se utilizan hierbas y especias, una gran variedad de productos del mar, carnes, frutas y vegetales siempre frescos.

1.	a) es	b) está	c) son
2.	a) idioma	b) lengua	c) escuela
3.	a) en	b) a	c) con
4.	a) mucho	b) menos	c) más
5.	a) hasta	b) con	c) sin
6.	a) el	b) en	c) la
7.	a) está	b) es	c) somos
8.	a) comidas	b) especies	c) platos

Soluciones: 1 - a, 2 - b, 3 - a, 4 - c, 5 - a, 6 - c, 7 – b, 8 - c

22

Escucha la canción y completa los huecos.

Canción del Mariachi, Antonio Banderas

Soy un hombre muy honrado
Que me gusta lo mejor
Las mujeres no me faltan
Ni el dinero ni el (1)…………………

Jineteando en mi caballo
Por la sierra yo me voy
Las estrellas y la (2)…………………
Ellas me dicen dónde voy

Ay, ay, ay ay,
Ay ay mi amor
Ay mi (3)…………………
De mi corazón

Me gusta tocar (4)…………………
Me gusta cantar al son
El mariachi me acompaña
Cuando canto mi (5)…………………

Me gusta tomar mis copas
Aguardiente es lo mejor
También el tequila (6)…………………
Con su sal le da sabor

Ay, ay, ay ay,
Ay ay mi amor
Ay mi morena
De mi (7)…………………

Soluciones: 1 amor, 2 luna, 3 morena, 4 guitarra, 5 canción, 6 blanco, 7 corazón

El robo en el supermercado

Un ladrón entra en la tienda con una pistola en la mano, tiene una máscara y nadie puede ver su cara, roba 10.000 € y tres manzanas, escapa corriendo. Cuando sale del supermercado se quita la máscara porque hace mucho calor y un niño que vive en el barrio se cruza con el ladrón y puede ver su cara, en menos de dos días la policía atrapa al ladrón.

1. El ladrón roba:
a) Dinero y fruta.
b) Fruta y metal.
c) Monos y manzanas.

El robo en el museo de cera

A las 06:00 de la mañana una persona entra por la ventana del museo, desactiva la alarma y después roba la pieza más importante del museo, una gran estatua de cera de Antonio Banderas. El ladrón escapa sin problemas porque el vigilante de seguridad está durmiendo, pero una cámara de vigilancia de un banco cercano graba toda la situación y la policía puede recuperar la estatua robada.

2. El vigilante de seguridad:
a) Roba la estatua.
b) No hace bien su trabajo.
c) Escapa con el ladrón.

El robo en la tienda de deportes

Desaparece de la tienda de deportes más grande de la ciudad el primer balón de fútbol de la historia, tiene un precio de un millón de euros y es muy importante para todo el mundo en la ciudad. El ladrón no es muy inteligente porque olvida su pasaporte en la tienda y los policías pueden ver su foto.

3. El ladrón roba:
a) Un objeto muy barato.
b) Un objeto muy nuevo.
c) Un objeto muy antiguo.

Soluciones: 1 - a, 2 - b, 3 - c

24

Elige la película adecuada para estas personas, hay una persona de más.

	Quiero ver una película de ciencia ficción, me encantan las aventuras, los efectos especiales y los robots.	A
Estoy buscando una película para mis hijos, tienen 7 y 9 años y les gustan los dibujos animados.		B
	Queremos ver un drama, nos encantan las películas que despiertan nuestros sentimientos y nos hacen pensar sobre la vida.	C
Quiero ver una película de artes marciales, me encantan tanto el karate como el taekwondo, mi actor preferido es Jackie Chan.		D
	Quiero ver una comedia con mis amigos. Nos gusta el humor sencillo, nos ayuda a relajarnos y siempre pasamos un buen rato.	E

1
Fiesta en la piscina

Los padres de Max y Raúl se van de vacaciones y los niños organizan una fiesta en la piscina de su casa.
Esta divertida historia te va a hacer reír sin parar con las tonterías y la caótica organización de los protagonistas.

2
Nela

Nela es una joven que ha perdido a sus padres, su trabajo y a su novio. Sobrevive como puede en las duras calles de San Diego.
Los espectadores van a sufrir y llorar junto a la protagonista en esta conmovedora película.

3
Rebelión en las estrellas

Un grupo de valientes pilotos de naves espaciales luchan por salvar la galaxia. La historia transcurre en un futuro imaginario donde el planeta Tierra ha sido destruido por una misteriosa raza extraterrestre.

4
Jan y la fábrica de chocolate

Los más pequeños de la casa van a disfrutar con esta película de animación.
La historia tiene lugar en un pequeño pueblo de Canadá, donde Jan y su perro Lulú descubrirán las maravillas de la fábrica de chocolates mágicos.

Soluciones: 1 - e, 2 - c, 3 - a, 4 - b

Expresión oral, puedes utilizar la grabadora de voz de tu ordenador o tu teléfono para poder escucharte después y corregir tus errores.

1. Haz una presentación completa: (20 - 30 segundos)
· Nombre.
· Edad y fecha de cumpleaños.
· País de origen.
· Lugar donde vives.
· Gustos, aficiones y profesión.

2. Habla sobre tus planes para el próximo verano: (20 - 30 segundos)
· ¿Dónde vas a viajar el próximo verano?
· ¿Cómo vas a ir?
· ¿Qué monumentos vas a visitar?
· ¿Con quién vas a ir?

3. Habla sobre tu rutina: (20 - 30 segundos)
· ¿Qué haces en un día normal?
· Utiliza las horas.
· Utiliza conectores como: después, antes de, también, luego, por la noche, más tarde, etc.

No hay una única respuesta para este ejercicio, puedes grabar tu voz y escucharte para intentar mejorar tu pronunciación. Para practicar esta prueba es recomendable tener clases de conversación con un profesor particular.

Ejemplos de soluciones:

1- Buenos días, mi nombre es Ramón Díez Galán. Tengo 28 años y mi cumpleaños es el día 17 de junio. Soy español, de Elche, pero ahora vivo en Toruń, una hermosa ciudad en Polonia. Soy profesor de español, trabajo en diferentes escuelas. En mi tiempo libre me gusta leer libros, ver películas, salir con mis amigos y, al igual que a todos los españoles, me encanta jugar al fútbol.

2- El próximo verano voy a viajar a México, quiero visitar la Riviera Maya, todo el mundo dice que es una zona muy hermosa. Voy a ir con mis amigos en avión desde Madrid. En México vamos a alquilar un coche porque queremos visitar diferentes lugares, mi amigo Juan quiere bañarse en las playas mexicanas, pero yo prefiero visitar las ruinas de Chichén Itzá

3- Todos los días me levanto a las siete y media, me visto rápidamente y desayuno con mi familia. Después voy al trabajo en autobús, empiezo a las ocho y termino a las cuatro de la tarde, siempre como algo en el trabajo. Antes de volver a casa paso por el supermercado y hago la compra. Por la noche, normalmente, ceno en casa, pero a veces salgo con amigos y cenamos en un bar. Me acuesto entre las once y las doce de la noche.

El deporte más importante en los países hispanos es el fútbol, la mayoría de los niños empiezan a jugar en la escuela y aprovechan cada momento libre que tienen para salir a la calle con un balón. La pasión por este deporte se puede ver también en los estadios cada fin de semana, los aficionados que no pueden ir al estadio se reúnen con amigos en bares y cafeterías para ver los partidos de sus equipos.

1. Los niños:
a. Salen de sus casas con una pelota y juegan al fútbol.
b. Juegan al fútbol en los estadios cada fin de semana.
c. Se reúnen en los bares del estadio con los futbolistas.

....

Atención.

La escuela va a estar cerrada el próximo jueves 20 de mayo por una avería en el sistema eléctrico del edificio. Los alumnos pueden descargar de la página web de la escuela las tareas que deben realizar para el viernes.
Un saludo, el director.

2. La escuela:
a. Tiene un problema con el agua.
b. Tiene un problema con la luz.
c. Tiene un problema con la página web.

....

Me llamo María y tengo treinta y dos años. Empiezo a trabajar todos los días a las siete y media, lo primero que hago es abrir mi correo electrónico y responder a los clientes. Después llamo a mi jefe y le pregunto qué tengo que hacer, algunos días no hay mucho trabajo y puedo salir a desayunar con mis compañeros, pero normalmente el teléfono no para de sonar y no tengo tiempo ni para ir al baño.

3. María es:
a. Camarera.
b. Azafata.
c. Secretaria.

Soluciones: 1 - a, 2 - b, 3 - c

27

Usted va a escuchar a una pareja. Lea las cinco frases y elija la opción correcta para cada hueco.

Audio en vídeo de YouTube: SIELE TAREA 1 COMPRENSIÓN AUDITIVA

https://youtu.be/c-0HR0v-1PI

Opciones de respuesta:

(a) tren (b) nieve (c) novia (d) antigua (e) oficina (f) muchos (g) caro (h) lluvia (i) barato (j) pez (k) amigos (l) deporte (m) calor (n) planes (ñ) dinero

Frases:

1. En el hotel de Mallorca se puede hacer _____.
2. En Sierra Nevada no hay _____ en verano.
3. En Madrid hay _____ turistas en los museos.
4. La Mezquita de Córdoba es muy _____.
5. En verano, en Córdoba hace mucho _____.

Transcripción del audio.

NOVIO: ¡Hola cariño! Tenemos que pensar dónde vamos a ir de vacaciones este verano.

NOVIA: ¡Sí! Voy a encender mi ordenador. ¡Mira! Podemos ir a Mallorca, mira este hotel, tiene pistas de tenis y un campo de golf.

NOVIO: Pero es un poco caro, ¿qué te parece si vamos a las montañas?

NOVIA: Me encanta ir a Sierra Nevada, pero no en verano, a mí me gusta esquiar y ahora no se puede porque no hace frío. ¿Vamos a Madrid?

NOVIO: Madrid está bien, pero hay demasiados turistas en los museos.

NOVIA: ¿Y si vamos a Córdoba? La Mezquita es un monumento increíble, tiene más de mil años de historia.

NOVIO: Sí, me parece una idea genial, aunque en verano la temperatura en Córdoba puede llegar a ser de unos 40 grados, un poquito alta, ¿no crees?

NOVIA: Sí, casi mejor quedarnos en casa y ver alguna serie...

Soluciones: 1 - l, 2 - b, 3 - f, 4 - d, 5 - m

Completa el texto con las siguientes palabras:

Las redes sociales

Hoy en día todo el mundo conoce Facebook, Twitter, Instagram y otras muchas redes sociales. Sin embargo, si preguntamos a (1)............. abuelos, seguro que se van a extrañar al escuchar estos nombres.

La tecnología ha avanzado muy rápidamente en los últimos años, hoy en día podemos tener productos frescos en nuestra cocina gracias a la (2)............., no necesitamos lavar la (3)............. a mano porque tenemos una lavadora en casa, o incluso podemos ver a personas que están a miles de kilómetros gracias a Skype.

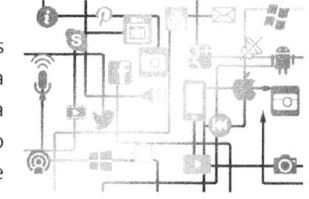

Las redes sociales son herramientas y es así como debemos pensar sobre ellas. Pueden ser muy prácticas si se utilizan bien, (4)............. también pueden ser peligrosas si se usan mal. Al igual que un martillo, que puede ayudarnos a (5)............. una mesa que está rota o puede ser utilizado como un arma.

Muchos jóvenes sufren problemas de adicción o depresión por culpa de vivir únicamente en las redes sociales, y no en el mundo real. Es (6)............. importante controlar internet y no ser controlados por internet.

¿(7)............. veces al día miramos nuestras redes sociales? ¿Podemos sobrevivir un fin de semana sin el teléfono? Son preguntas que debemos hacernos para asegurarnos de que la vida no está únicamente en la red.

1.	a) nosotros	b) nuestro	c) nuestros
2.	a) nevera	b) caja	c) olla
3.	a) comida	b) ropa	c) mano
4.	a) pero	b) siempre	c) primero
5.	a) saltar	b) reparar	c) lavar
6.	a) mucha	b) muy	c) mucho
7.	a) Cuántas	b) Cuántos	c) Cuánto

Soluciones: 1 – c, 2 – a, 3 – b, 4 – a, 5 – b, 6 – b, 7 - a

Hola Ágata,

Te escribo desde Alicante. Trabajo aquí desde hace tres meses porque mi empresa quiere buscar clientes en España. Estoy aprendiendo mucho español gracias a que la gente aquí es muy simpática y me ayuda mucho. También voy a clases dos días a la semana, en mi grupo hay gente de varios países, pero entre nosotros hablamos en español.

Si quieres puedes venir a verme, lo mejor es tomar un vuelo hasta el aeropuerto de Alicante, yo puedo recogerte allí porque tengo coche. Si vienes a verme podemos ir a la playa, pasear por el centro y visitar el castillo de la ciudad. Normalmente trabajo mucho de lunes a viernes así que es mejor si vienes a visitarme un fin de semana o en vacaciones.

Todos los días me levanto a las ocho y bajo a desayunar a la cafetería que hay en mi calle, me gusta tomar el café tranquilamente mientras leo el periódico. Empiezo a trabajar a las nueve, salgo a las dos para comer y vuelvo al trabajo sobre las cuatro y media. Los lunes, martes y miércoles termino a las ocho, pero los jueves y viernes una hora antes. Como mi casa no está lejos de la playa me gusta pasear por las noches junto al mar. Al igual que los españoles, me acuesto bastante tarde, poco a poco me estoy acostumbrando.

¿Qué tal todo por allí? ¿Hace frío? Cuéntame qué tal está tu hermana. Un beso,

Bea.

1. Bea dice que:
a) Aprende la lengua gracias a los habitantes de la ciudad.
b) Estudia español en la universidad.
c) Va a trabajar tres meses más.

2. Bea trabaja:
a) En el aeropuerto.
b) Entre semana.
c) Los fines de semana.

3. Mientras desayuna, a Bea le gusta:
a) Leer las noticias.
b) Leer cosas del trabajo.
c) Leer de camino a la cafetería.

4. Los jueves y viernes Bea:
a) Sale de trabajar a las 20:00.
b) Sale de trabajar a las 16:30.
c) Sale de trabajar a las 19:00.

5. Bea dice que:
a) Bebe diferentes bebidas para desayunar.
b) Va a la cama más tarde que antes.
c) Ágata tiene que ir a Alicante con su hermana.

Soluciones: 1 - a, 2 - b, 3 – a, 4 – c, 5 - b

Escucha la canción y completa los huecos.

Me gustas tú. Manu Chao

Me gustan (1)..................... aviones, me gustas tú.
Me gusta viajar, me gustas tú.
Me gusta (2)..................... mañana, me gustas tú.
Me gusta (3)..................... viento, me gustas tú.
Me gusta soñar, me gustas tú.
Me gusta la mar, me gustas tú.

Qué voy a hacer, "je ne sais pas".
Qué (4)..................... a hacer, "je ne sais plus".
Qué voy a hacer, "je suis perdu".
(5)..................... horas son, mi corazón

Me gusta la (6)....................., me gustas tú.
Me gusta correr, me gustas tú.
Me gusta (7)..................... lluvia, me gustas tú.
Me gusta volver, me gustas tú.
Me gusta marihuana, me gustas tú.
Me gusta colombiana, me gustas tú.
Me gusta la (8)..................... me gustas tú.
Me gusta la noche, me gustas tú.

"Estribillo"

Me gusta (9)..................... cena, me gustas tú.
Me gusta (10)..................... vecina me gustas tú.
Me gusta su cocina, me gustas (11).....................
Me gusta camelar, me gustas tú.
Me gusta la guitarra, me gustas tú.
Me gusta el reggae, me (12)..................... tú.

"Estribillo"

Me gusta la canela, me gustas tú.
Me gusta el (13)....................., me gustas tú.
Me gusta menear, me gustas tú.
Me gusta la Coruña, me gustas (14).....................
Me gusta Malasaña, me gustas tú.
Me gusta (15)..................... castaña, me gustas tú.
Me gusta Guatemala, me gustas tú.

Soluciones: 1 los, 2 la, 3 el, 4 voy, 5 Qué, 6 moto, 7 la, 8 montaña, 9 la, 10 la, 11 tú, 12 gustas, 13 fuego, 14 tú, 15 la

Expresión oral, responde a las siguientes preguntas.

1. ¿Qué día es hoy?
2. ¿Tienes una radio en casa?
3. ¿Puedes hablar francés?
4. ¿Duermes ocho horas todos los días?
5. ¿Juegas al tenis?
6. ¿Qué estás haciendo ahora?
7. ¿Tienes los ojos verdes?
8. ¿Tu amiga va a tener un hijo?
9. ¿Cuánto cuesta una camiseta en Zara?
10. ¿Qué vas a hacer mañana por la mañana?
11. ¿Te gusta viajar?

Ejemplos de soluciones

1. Hoy es jueves.
2. Sí, yo tengo una radio en casa.
3. No, yo no puedo hablar francés.
4. No, yo no duermo ocho horas todos los días porque tengo un hijo pequeño.
5. Sí, juego al tenis todos los martes y viernes.
6. En este momento estoy estudiando español.
7. No, yo tengo los ojos marrones.
8. Sí, mi amiga va a tener un hijo en diciembre.
9. Una camiseta en Zara cuesta más o menos quince euros.
10. Mañana por la mañana voy a ir a la iglesia con mi familia.
11. Sí, me encanta viajar.

Nivel A2

PRETÉRITO PERFECTO

Se utiliza para hablar de situaciones que ya han terminado, sin embargo, el tiempo del que hablamos todavía no ha acabado, por ejemplo: *hoy, esta semana, este mes, este año, en mi vida, nunca.*

Formación

VERBO HABER + PARTICIPIO

HABER	Para formar el **PARTICIPIO** cambiamos:
Yo **he**	· La terminación de los verbos (-ar) por (-**ado**)
Tú **has**	trabajar = **trabajado** hablar = **hablado**
Él / ella **ha**	
Nosotros **hemos**	
Vosotros **habéis**	· La terminación de los verbos (-er), (-ir) por (-**ido**)
Ellos / ellas **han**	comer = **comido** vivir = **vivido**

· Hoy **he estado** en el centro de Alicante.
· Esta semana el inspector **ha trabajado** mucho.
· Los policías **han detenido** al criminal esta mañana.

VERBOS IRREGULARES

Algunos verbos tienen el participio irregular:

Hacer = hecho   Escribir = escrito   Decir = dicho
Abrir = abierto   Volver = vuelto   Morir = muerto
Poner = puesto   Romper = roto   Ver = visto

· Roberto **ha escrito** un mensaje a su compañera Cristina.
· Los delincuentes no **han dicho** la verdad en el interrogatorio.
· Yo nunca **he visto** al dueño de la discoteca Mermelada.

VERBOS REFLEXIVOS

Siempre debemos colocar el pronombre reflexivo (me, te, se, nos, os, se) delante del verbo haber.

· Hoy **me he levantado** a las 8:00.
· Esta semana todavía no **me he duchado**.
· Ella nunca **se ha afeitado** las piernas.

PRETÉRITO INDEFINIDO

Se utiliza para hablar de situaciones que ya han terminado, el tiempo del que hablamos ha acabado, por ejemplo: *ayer, la semana pasada, el martes pasado, en 1999*. Son cosas que pasaron 1 vez.

	Trabajar (-AR)	Comer (-ER)	Vivir (-IR)
(yo)	trabaj-é	com-í	viv-í
(tú)	trabaj-aste	com-iste	viv-iste
(usted, él, ella)	trabaj-ó	com-ió	viv-ió
(nosotros, -.as)	trabaj-amos	com-imos	viv-imos
(vosotros, -as)	trabaj-asteis	com-isteis	viv-isteis
(ustedes, ellos, -as)	trabaj-aron	com-ieron	viv-ieron

· Ayer **escribí** una carta a mi amigo Pepe.
· Raúl **nació** en el año 1988.
· ¿**Saliste** de fiesta ayer?

VERBOS IRREGULARES

Ir / Ser	Estar	Tener	Hacer	Decir
Fui	Estuve	Tuve	Hice	Dije
Fuiste	Estuviste	Tuviste	Hiciste	Dijiste
Fue	Estuvo	Tuvo	Hizo	Dijo
Fuimos	Estuvimos	Tuvimos	Hicimos	Dijimos
Fuisteis	Estuvisteis	Tuvisteis	Hicisteis	Dijisteis
Fueron	Estuvieron	Tuvieron	Hicieron	Dijeron
Dar	**Poder**	**Venir**	**Traer**	**Poner**
Di	Pude	Vine	Traje	Puse
Diste	Pudiste	Viniste	Trajiste	Pusiste
Dio	Pudo	Vino	Trajo	Puso
Dimos	Pudimos	Vinimos	Trajimos	Pusimos
Disteis	Pudisteis	Vinisteis	Trajisteis	Pusisteis
Dieron	Pudieron	Vinieron	Trajeron	Pusieron
Morir	**Dormir**	**Pedir**	**Seguir**	**Sentir**
Morí	Dormí	Pedí	Seguí	Sentí
Moriste	Dormiste	Pediste	Seguiste	Sentiste
Murió	Durmió	Pidió	Siguió	Sintió
Morimos	Dormimos	Pedimos	Seguimos	Sentimos
Moristeis	Dormisteis	Pedisteis	Seguisteis	Sentisteis
Murieron	Durmieron	Pidieron	Siguieron	Sintieron

PRETÉRITO IMPERFECTO

Se utiliza para hablar de cosas que hacíamos <u>muchas veces</u> en el pasado o para hacer <u>descripciones</u> en pasado.

	Trabajar (-AR)	Comer (-ER)	Vivir (-IR)
(yo)	trabaj-aba	com-ía	viv-ía
(tú)	trabaj-abas	com-ías	viv-ías
(usted, él, ella)	trabaj-aba	com-ía	viv-ía
(nosotros, -.as)	trabaj-ábamos	com-íamos	viv-íamos
(vosotros, -as)	trabaj-abais	com-íais	viv-íais
(ustedes, ellos, -as)	trabaj-aban	com-ían	viv-ían

· Cuando **tenía** 15 años **jugaba** al fútbol todos los martes.
· Yo antes **vivía** en el centro, pero ahora vivo en las afueras.
· Mi primera bicicleta **era** naranja y tenía cuatro ruedas.

VERBOS IRREGULARES

Ser	Ir	Ver
Era	Iba	Veía
Eras	Ibas	Veías
Era	Iba	Veía
Éramos	Íbamos	Veíamos
Erais	Ibais	Veíais
Eran	Iban	Veían

· Cuando **era** pequeño **veía** dibujos animados en la televisión.
· Mi amiga **iba** todos los días al trabajo en tren.
· Cuando **vivía** en España **tenía** una novia, ella **era** muy inteligente.

* También se puede utilizar el pretérito imperfecto para formar el pasado de:

Estoy jugando -> Estaba jugando

Voy a comprar -> Iba a comprar

COSAS CLAVES QUE SUELEN APARECER EN EXÁMENES DE NIVEL A2

- Más que / menos que / tan …… como.
- Ir a + lugar (voy a España / fui a casa…).
- Ir en + transporte (voy en coche / fui en moto…).
- Estar en + lugar (estoy en Tenerife, estuve en Argentina…).
- Mío / tuyo / suyo.
- Idea general de un texto.
- Llegar / salir.
- Ir / venir.
- Traer / llevar.
- Me / te / le (¿me puedes ayudar? / cómprale un libro).
- Primero / segundo / tercero.
- Antes / después.
- Dentro de / fuera de / arriba de …
- La semana pasada / ayer / hace tres días / nunca.
- Nada / todo.
- ¿Cuándo?
- Saber (yo sé / yo supe…).
- Dar (yo doy / yo di…).
- Hay que.
- Acabar de / empezar a / volver a.
- Hace frío / hace calor / hace buen tiempo / hace mal tiempo.
- Desde / hasta.
- Por / para.

VOCABULARIO DE NIVEL A2

Cabeza	Comida rápida	Sucio
Cara	Colegio	Nevera
Brazo	Academia	Lavadora
Mano	Matrícula escolar	Lavaplatos
Dedo	Diploma	Microondas
Pierna	Certificado	Moneda
Pie	Aprobar	Billete
Espalda	Suspender	Cajero automático
Estómago	Dibujar	Seguridad Social
Garganta	Adivinar	Ambulancia
Oído	Hoja	Comisaría
Calvo	Regla	Papelería
Afeitarse	Impresora	Peluquería
Peinarse	Funcionario	Centro comercial
Nacer	Dependiente	Frutería
Morir	Comercial	Carnicería
Tener miedo	Empresario	Panadería
Encantar	Negocio	Sujetador
Odiar	Multinacional	Bragas
Tener hambre	Traje	Calzoncillos
Tener sed	Corbata	Medias
Tener sueño	Uniforme	Calcetines
Paraguas	Reunión	Bañador
Agenda	Cliente	Probador
Vecino	Entrevista	Propina
Socio	Jubilado	IVA
Regalo	Cita	Pagar en efectivo
Infusión	Entrada	Fiebre
Botella	Invitación	Tos
Lata	Gimnasio	Alergia
Ajo	Piscina	Toalla
Cebolla	Ajedrez	Champú
Perejil	Periodista	Cepillo
Merluza	Anuncio	Desodorante
Salmón	Presentador	Colonia
Sardina	Programa	Carretera
Atún	Mandar	Ciclista
Gambas	Enviar	Azafata
Galletas	Recibir	Rueda
Cereales	Alojamiento	Rico
Receta	Edificio	Pobre
Ingrediente	Chalé	Empleado
Filete	Pasillo	Agricultor
Plato combinado	Suelo	Vaca
Tapa	Techo	Cerdo
Aperitivo	Pared	Cordero
Vaso	Propietario	Científico
Taza	Amueblado	Informático
Servilleta	Limpio	Portátil

1. Elija la opción correcta. Recuerde las diferencias entre los tres pasados.

1. Antes yo no .... (trabajar) y .... (tener) mucho tiempo libre.
a) trabajé / tenía b) he trabajado / tuve c) trabajaba / tenía

2. Cuando María .... (vivir) en Toledo, yo .... (ir) todos los días a su casa.
a) vivió / fue b) vivía / iba c) vivió / he ido

3. El año pasado Carlos .... (encontrar) un trabajo estupendo.
a) encontró b) encontraba c) ha encontrado

4. Cuándo .... (ser) pequeña mi madre me .... (dar) besos por las mañanas.
a) fui / dio b) era / ha dado c) era / daba

5. Con 15 años .... (llevar) gafas, pero a los 20 .... (empezar) a usar lentillas.
a) llevaba / empezaba b) he llevado / empecé c) llevaba / empecé

6. Cuando la policía .... (llegar) a la casa .... (encontrar) al asesino
a) llegó / encontró b) ha llegado / encontraba c) ha llegado / encontró

7. Nosotros .... (ir) al cine el sábado y nos .... (encantar) la película.
a) hemos ido / encantaba b) fuimos / encantó c) fuimos / ha encantado

8. Yo nunca .... (viajar) a los Estados Unidos
a) viajaba b) he viajado c) viajé

9. Cuando terminó el partido los jugadores .... (pelearse). ¡Qué vergüenza!
a) se pelearon b) se pelaban c) se han peleado

10. De joven yo .... (comprar) un coche y con él .... (ir) cada día a trabajar.
a) he comprado / fui b) compré / iba c) compraba / iba

11. Antes yo .... (ver) mucho la tele. Ahora me conecto a Internet.
a) vi b) veía c) he visto

12. Él .... (estudiar) anoche porque hoy .... (tener) un examen.
a) estudió / ha tenido b) ha estudiado / tuvo c) ha estudiado / tenía

13. Esta mañana ellos .... (llegar) tarde porque .... (perder) el autobús.
a) han llegado / han perdido b) llegaron / perdieron c) llegaron / perdían

14. Ayer no .... (ir) a la fiesta porque .... (estar) muy cansada.
a) fui / estaba b) iba / estuve c) he ido / estaba

15. El año pasado .... (viajar) a Croacia y me .... (gustar) un montón.
a) viajaba / ha gustado b) viajé / gustó c) he viajado / gustó

Soluciones: 1 – c, 2 – b, 3 – a, 4 – c, 5 – c, 6 – a, 7 – b, 8 – b, 9 – a, 10 – b, 11 – b, 12 – a, 13 – a, 14 – a, 15 - b

Querido diario:

Hoy ha sido un día muy interesante. Normalmente me despierto a las siete y media, pero esta mañana mi despertador no ha sonado y me he despertado a las ocho y cuarto. Rápidamente me he vestido, me he lavado los dientes y he salido de casa. Con las prisas me he olvidado de desayunar. He llegado a la parada de autobús a las nueve menos cuarto, por desgracia, he llegado tarde y he perdido el autobús. He ido corriendo hasta una plaza donde normalmente hay taxis, sin embargo, hoy no había ninguno.

He llamado por teléfono a una compañía de taxis y he esperado allí unos quince minutos. Finalmente he llegado al trabajo a las nueve y media. He entrado rápidamente en la oficina y me he sentado en mi puesto de trabajo, mi jefe me ha preguntado por mi retraso y le he contado todo. Me ha dicho que debía terminar todo el trabajo del día. A las once y media mis compañeros han salido de la oficina para almorzar, por el contrario, yo me he quedado trabajando.

Mi jefe se ha ido a su casa sobre las doce y yo he pensado en trabajar tranquilamente, pero no ha sido así. Mi ordenador se ha roto y no he podido hacer nada, así que he dejado una nota en mi escritorio y he vuelto a casa. Por el camino he encontrado a un viejo amigo que me ha dicho que en su empresa buscan nuevos trabajadores, creo que voy a necesitar un nuevo trabajo dentro de poco tiempo.

1. Se ha despertado:
a) Como siempre.
b) Antes de lo normal.
c) Después de lo normal.

2. Ha salido de casa:
a) Con el autobús de siempre.
b) Con prisas y sin desayunar.
c) Con sus compañeros de trabajo.

3. Finalmente ha ido al trabajo:
a) Sin problemas.
b) En un taxi.
c) En autobús.

4. El jefe:
a) No ha estado en la oficina en todo el día.
b) Ha llegado muy tarde a la oficina.
c) Ha querido saber por qué su empleado ha llegado tarde.

5. Sus compañeros:
a) Se han ido a almorzar sin él.
b) Le han esperado para almorzar.
c) Han almorzado más tarde de lo normal.

Soluciones: 1 – c, 2 – b, 3 – b, 4 – c, 5 – a

A. MARCOS

Tengo 15 años y me encanta viajar, he visitado casi todos los países de Europa, en el futuro quiero ir a Nueva Zelanda, he oído que es una isla muy bonita. El año pasado hice el mejor viaje de mi vida, fui con mis padres a Cuba, una isla preciosa que está cerca de Estados Unidos, me bañé todos los días.

B. LUCÍA

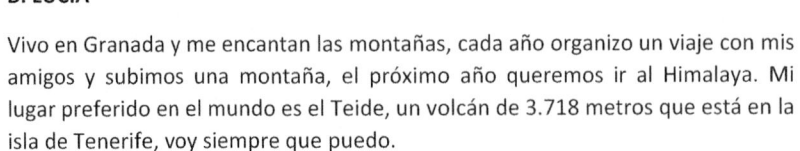

Vivo en Granada y me encantan las montañas, cada año organizo un viaje con mis amigos y subimos una montaña, el próximo año queremos ir al Himalaya. Mi lugar preferido en el mundo es el Teide, un volcán de 3.718 metros que está en la isla de Tenerife, voy siempre que puedo.

C. PEDRO

Empecé a estudiar francés a los cinco años, inglés a los seis y polaco a los doce. Me encanta aprender cosas nuevas, las diferentes lenguas del mundo me apasionan, el próximo año quiero estudiar chino. En la actualidad trabajo como traductor en una oficina en el centro de la ciudad.

D. CRISTINA

Vivo en Inglaterra desde hace dos meses, intento aprender el idioma, pero es muy difícil. Por suerte, tengo una aplicación en mi teléfono que me ayuda a comunicarme. Trabajo en un hotel, no me gusta mucho, pero con el dinero que gano puedo estudiar en una buena universidad.

E. RAMÓN

Soy cocinero, trabajo en un restaurante familiar y me encanta. Cada día preparo un menú diferente, me gusta experimentar y cocinar cosas nuevas, soy una persona muy creativa. Me divierto mucho en mi trabajo, mis compañeros son geniales, tengo mucha suerte.

1	Habla varios idiomas.	
2	Le gusta su trabajo.	
3	Estuvo en una isla de América Latina.	
4	Le gusta mucho ir a una isla española.	
5	Trabaja para pagar sus estudios.	

Soluciones: 1 C, 2 E, 3 A, 4 B, 5 D

Complete con las palabras que faltan:

Argentina

Argentina es un país (1)............. en América del Sur, famoso en todo el mundo por su pasión por el fútbol y el tango. Es el país hispanohablante más extenso del (2)............., el segundo más grande de América Latina, y octavo en el mundo. Tiene una población de algo más de 43 millones de personas, por lo que mantiene una muy baja densidad de población, 16 (3)............. por Km².

Argentina está situada entre la cordillera de los Andes, el océano Atlántico sur y el continente Antártico. La montaña más alta se llama Aconcagua, está (4)............. en la provincia de Mendoza y tiene una altitud de 6.960 metros sobre el nivel del mar. Es la montaña más alta del planeta que no se encuentra en la cordillera del Himalaya.

La capital de Argentina es Buenos Aires, donde viven aproximadamente tres millones de personas y la (5)............. oficial del país es el peso argentino.

La economía argentina mantiene un buen equilibrio entre los tres sectores principales de la actividad productiva. (6)............. los años setenta y ochenta el país sufrió un retroceso económico del que empezó a recuperarse en los noventa. También bajó el desempleo y subieron los salarios. El problema principal al que se enfrenta ahora la economía es el crecimiento de la deuda exterior. Por otra parte, la recuperación se ha traducido en un aumento de las desigualdades sociales.

Más de cinco millones de turistas (7)............. cada año Argentina, la mayoría proveniente de otros países de América Latina. Los principales (8)............. turísticos son Buenos Aires, las playas de Mar de Plata y las diferentes zonas naturales del país.

1. a) situado   b) situación   c) situar
2. a) plan   b) planeta   c) planea
3. a) peatones   b) hablantes   c) habitantes
4. a) pensada   b) ubicada   c) contratada
5. a) moneda   b) uniforme   c) válida
6. a) Durando   b) Durante   c) Donde
7. a) viajan   b) compran   c) visitan
8. a) destinos   b) defectos   c) zonas

Soluciones: 1 – a, 2 – b, 3 – c, 4 – b, 5 – a, 6 – b, 7 – c, 8 - a

Hola Carlos.

Finalmente, no pude ir ayer a tu fiesta. ¿Qué tal lo pasasteis? ¿Te gustó la tarta? Yo todavía estoy en casa con fiebre y mucho dolor de cabeza. Mañana, si me encuentro mejor, voy a tu casa, te felicito en persona y te doy un regalo que compré para ti la semana pasada en Colombia.

Mi hermano me ha dicho que os vio en la discoteca Mermelada sobre las tres de la noche, él estaba allí con su novia y unos amigos celebrando también un cumpleaños. Me ha dicho que lo estabais pasando muy bien, pero que al final de la noche te vio discutiendo con Marta. ¿Qué pasó? ¿Está todo bien? Seguro que fue una tontería.

¿Recuerdas cuando éramos pequeños y Marta siempre quería ser el centro de atención? Creo que ella no ha cambiado nada. Hace un mes fuimos juntas a la graduación de una amiga y Marta estuvo todo el tiempo presumiendo de sus nuevas gafas de sol.

¿Mañana vas a estar en casa? No sé si mi marido va a ir al trabajo en coche o en autobús, si no tengo coche podemos quedar en alguna cafetería del centro. Te llamo mañana después de desayunar y vemos qué hacemos. Voy a tomarme la medicina y a descansar.

Un abrazo,

Cristina.

1. Carlos celebró...
a) el cumpleaños de Marta.
b) su cumpleaños.
c) el cumpleaños del hermano de Cristina.

2. Cristina no fue a la fiesta porque...
a) se encontraba mal.
b) estaba en una cafetería.
c) estaba en Colombia.

3. El hermano de Cristina...
a) estuvo en el cumpleaños de Carlos.
b) estuvo en otro cumpleaños.
c) estuvo discutiendo con Marta al final de la noche.

4. Marta...
a) es la novia del hermano de Cristina.
b) es igual que cuando era pequeña.
c) se graduó hace un mes.

5. Cristina quiere ir a casa de Carlos...
a) en coche.
b) para desayunar.
c) para recibir un regalo.

Soluciones: 1 – b, 2 – a, 3 – b, 4 – b, 5 – a

Complete con las palabras que faltan:

VIAJE A SEVILLA

El pasado mes de junio estuvimos (1)............. Sevilla con nuestros amigos. Llegamos al aeropuerto de Málaga por la mañana, paseamos por el centro (2)............. la ciudad y comimos algo en un restaurante de tapas. Por la tarde, fuimos en autobús (3)............. Sevilla. De camino a la capital andaluza, pasamos (4)............. Ronda, una hermosa ciudad en las montañas que tiene un puente romano impresionante.

Finalmente, llegamos a Sevilla (5)............. la noche, nuestros amigos fueron a cenar (6)............. un restaurante mexicano, sin embargo, nosotros decidimos quedarnos (7)............. el hotel porque estábamos cansados del viaje. Pasamos tres días (8)............. la ciudad, compramos muchos regalos (9)............. nuestros familiares y visitamos los principales monumentos.

Sevilla es una ciudad maravillosa, el próximo año nos gustaría volver (10)............. nuestros hijos.

1.	a) en	b) de	c) a
2.	a) con	b) de	c) a
3.	a) sin	b) a	c) de
4.	a) en	b) por	c) para
5.	a) de	b) para	c) por
6.	a) de	b) a	c) con
7.	a) a	b) de	c) en
8.	a) de	b) en	c) a
9.	a) de	b) para	c) en
10.	a) a	b) de	c) con

Soluciones: 1 - a, 2 – b, 3 – b, 4 – b, 5 – c, 6 – b, 7 – c, 8 –b, 9 – b, 10 - c

Di si las siguientes frases sobre el texto son verdaderas o falsas.

Álvaro Soler

Nació en Barcelona en 1991, su padre es alemán y su madre es española. A los 10 años su padre cambió de trabajo y toda la familia se fue a vivir a Japón.

Con 17 años volvió a Barcelona y formó un grupo musical junto a su hermano y a dos amigos. Decidieron llamar al grupo "Urban Lights". Durante cuatro años tocaron en varios conciertos y participaron en el programa de televisión "Tú sí que vales". En este programa se hicieron famosos porque llegaron a la final. Estudió para ser ingeniero, pero se dedicó profesionalmente a la música.

En el año 2015 se mudó a Berlín, donde grabó su primer disco solo. La canción "El mismo sol" fue un éxito en todo el mundo. Un día, la cantante Jennifer López escuchó esta canción en una fiesta y quiso conocer a Álvaro. Finalmente se hizo una segunda versión de la canción cantada por Álvaro Soler y Jennifer López. Grabaron el vídeo en Nueva York.

Ahora es uno de los cantantes españoles más conocidos del mundo y su música suena en las radios de casi todos los países.

Álvaro es un joven muy alto, mide casi dos metros de altura. Algunos deportistas bromean diciendo que puede ser un buen jugador de baloncesto.

En la actualidad vive en Berlín. Dice que le gusta mucho porque puede conocer otras culturas y a muchas personas nuevas, pero no le gusta nada el frío y la nieve de la capital alemana.

		V	F
1	Vivió en Japón hasta los 10 años.		
2	Sus padres son de diferentes países.		
3	Trabajó como ingeniero hasta el año 2015.		
4	Álvaro Soler copió "El mismo sol" de Jennifer López.		
5	Odia el clima de Alemania.		

Soluciones: 1 F, 2 V, 3 F, 4 F, 5 V

José

Empecé a jugar al fútbol cuando tenía cuatro años, todos mis primos lo hacían y yo no quería ser menos. Mi padre jugó durante quince años en el equipo de nuestra ciudad y actualmente es el entrenador del equipo juvenil. El próximo año yo voy a ascender a la categoría de juvenil, pero no quiero tener a mi padre de entrenador, todos van a pensar que voy a tener preferencia solo por ser su hijo. Últimamente cuando juego me duele un poco la rodilla derecha, no parece nada grave, pero debo tener cuidado. En agosto vamos a tener un torneo muy importante y quiero estar al 100%.

Marcos

Siempre he sido un chico muy alto. Cuando era pequeño jugaba al fútbol, mi padre quería convertirme en el mejor jugador del mundo, me presionaba demasiado. Poco a poco fui perdiendo el interés por el deporte y cuando tenía 13 años dejé el equipo y no hice deporte durante 3 años. A los 16 años empecé a jugar al baloncesto con mis amigos, gracias a mi altura siempre era el mejor del partido. Un día el entrenador del equipo de mi ciudad me preguntó si quería hacer las pruebas para entrar en su equipo, acepté y las pasé sin problemas. Juego en el equipo desde entonces y estoy muy contento, no he tenido ningún problema físico y mi carrera profesional acaba de empezar.

Andrés

Empecé a jugar al voleibol cuando tenía 10 años, mi profesor de gimnasia organizó un equipo para los chicos de la clase y me apunté el primero. El primer año ganamos el campeonato de la ciudad, el segundo año jugamos en la liga regional y también la ganamos. Todo eran éxitos hasta que un día tuve una lesión muy grave en mi brazo izquierdo, los médicos me dijeron que no iba a poder continuar jugando al voleibol. Al principio tuve una gran depresión, pero mi padre me ayudó mucho, gracias a él aprendí a superar los problemas y empecé a jugar al tenis. Actualmente juego en pequeños torneos locales y estoy muy contento, he aprendido que lo importante no es ganar siempre sino pasarlo bien y disfrutar del deporte.

1. ¿Quién dice que su condición física le ayudaba a ser el mejor?
a) José   b) Marcos   c) Andrés

2. ¿Quién dice que le importa lo que los otros chicos pueden pensar si su padre le ayuda?
a) José   b) Marcos   c) Andrés

3. ¿Quién dice que su padre influyó en él positivamente?
a) José   b) Marcos   c) Andrés

4. ¿Quién dejó de hacer deporte por culpa de su padre?
a) José   b) Marcos   c) Andrés

5. ¿Quién piensa que obtener éxitos deportivos no es lo más importante?
a) José   b) Marcos   c) Andrés

Soluciones: 1 – b, 2 – a, 3 – c, 4 – b, 5 – c

Completa con los fragmentos que faltan. (De los seis fragmentos solo debes usar cinco)

Los premios nipones Príncipe de Asturias se reencuentran con el rey de España

Los "héroes de Fukushima", creadores de videojuegos o científicos son algunos de los japoneses galardonados con los premios Príncipe de Asturias que ....1...........

El hotel Imperial de Tokio fue el escenario elegido para este reencuentro, en el que participaron el directivo de Nintendo Shigeru Miyamoto, el científico Sumio Iijima y los llamados "héroes de Fukushima", ...2...........

Felipe VI se mostró especialmente interesado por el accidente nuclear de Fukushima, ...3........... y el posterior tsunami de marzo de 2011 que barrió la costa noreste de Japón y dejó más de 18.000 víctimas.

El militar Kenji Kato, uno de los "héroes" y jefe del grupo de helicópteros encargado de verter agua sobre la central nuclear, explicó entre risas que el rey "sigue igual de guapo" que cuando acudió a Oviedo para recoger el Premio Príncipe de Asturias de la Concordia de 2011.

Shigeru Miyamoto, padre de "Súper Mario" -la saga de videojuegos más comercializada de la historia- y receptor en 2012 del Premio Príncipe de Asturias de Comunicación y Humanidades, habló de la cercanía que mostró el monarca español.

"El rey me habló sobre Shinzo Abe (primer ministro nipón) disfrazado de 'Súper Mario' en la ceremonia de clausura de los Juegos Olímpicos, y para mí ha sido una gran alegría", ...4...........

Además, todos los galardonados nipones recuerdan con cariño su viaje a Oviedo.

"Me acuerdo con nostalgia de la ceremonia, ...5...........", apunta el veterano creador de videojuegos de Nintendo.

(Adaptado de http://eldiario.es)

a. todos los galardonados japoneses a excepción de la astronauta Chiaki Mukai

b. volvieron a reunirse con el rey de España durante su visita oficial al país asiático

c. cuando me recibió la gente de Oviedo con música local y baile delante del hotel, y yo me puse a bailar con ellos

d. e insistió en que nunca deberían olvidarse el terremoto

e. explicó después del encuentro, que duró algo más de 20 minutos

f. tanto en la ceremonia de 1999 como en su viaje extraterrestre, por el español Pedro Duque

Soluciones: 1 – b, 2 – a, 3 – d, 4 – e, 5 – c

Escuche la canción y complete los huecos.

Por la raja de tu falda, Estopa

Era una tarde tonta y caliente de esas que te quema el sol la frente.
(1)................ el verano del 97 y yo me moría por verte,
mi única idea (2)................ camelarte, era llevarte a cualquier parte.
Yo ese día (3)................ en el bar sin nombre y allí esperaba encontrarte

Me (4)............. un pantaloncito estrecho, la camiseta de los conciertos.
Vamos Josele tira "pal" coche porque esta noche nos la comemos

Y al pasar por tu calle allí (5)................... tú, esperando en la parada del autobús
comiéndote con gracia aquel chupa-chup. ¡Qué vicio qué vicio!

No sé qué me (6).............. por la espalda
cuando vi la raja de tu falda
que un Seat panda se me cruzó
y se (7)............. el parachoques de mi Ford Escort

Por la raja de tu falda yo (8)................. un piñazo con un Seat panda

10:40 post meridiano, (9)..................... tarde para no variar
y el tío del garito está mosqueado porque aún no hay nada montado
y la gente entra que te entra, y yo enchufa que te (10).................
Mi hermano prueba que te prueba. ¿Esto se (11).................. o no se escucha?

Entre el calor de la gente, el alma del ambiente,
los focos deslumbrantes son muy potentes.
El público (12)..................... muy expectante. ¡Caliente, caliente!
De repente se (13)................ la puerta mientras yo cogía la guitarra
y me (14)................... las piernas al ver de nuevo la raja de tu falda

Por la raja de tu falda yo (15)................ tres cuerdas de esta guitarra

Y ahora ya ha (16)................. el tiempo
parece que fuera ayer
desde que desapareciste del concierto
yo no te he (17).................. a ver, ya no recuerdo tus ojos
ni siquiera tu mirada
tan solo puedo acordarme de la raja de tu falda.

Por la raja de tu falda yo me he obsesionado y voy de barra en barra.

Soluciones: 1 era, 2 era, 3 tocaba, 4 puse, 5 estabas, 6 dio, 7 comió, 8 tuve, 9 llegamos, 10 enchufa, 11 escucha, 12 delante, 13 abrió, 14 temblaron, 15 rompí, 16 pasado, 17 vuelto

A. HOTEL PLAZA DEL SOL

Más de doscientas habitaciones en el corazón de la capital española. Restaurante para fiestas y eventos. Plazas de aparcamiento para clientes. Precios especiales para mayores de sesenta y cinco años. La más alta calidad al mejor precio. Abierto todo el año.

B. KEBAB ESTAMBUL

La comida turca ha llegado a su ciudad. Disfrute de nuestros deliciosos rollitos de cerdo y platos de pollo con arroz. Abrimos veinticuatro horas, de lunes a domingo, días festivos también abrimos, no cerramos ni el día de Año Nuevo. Ofertas especiales para estudiantes. Buscamos trabajadores con experiencia.

C. TIENDA DE ARAÑAS

Tenemos arañas de todos los colores y tamaños, la mascota que siempre has querido tener. Puedes comprar arañas del Amazonas o de Rusia, las tenemos todas. Si tus padres no quieren tener una araña en casa, puedes comprar una caja y tener tu araña debajo de la cama. ¿De verdad no quieres una araña?

D. LA VACA FELIZ

Hamburguesas vegetarianas en la universidad. Desde el próximo 18 de marzo vas a poder comprar nuestras deliciosas hamburguesas. Estamos junto al rectorado. Todo nuestro menú es 100% vegetariano. Amamos a los animales, puedes venir a comer con tu mascota, tenemos menús para perros y gatos. Abrimos hasta las 23:00.

E. ORDENADORES LA PERA

La informática al mejor precio. Ordenadores, impresoras y fotocopiadoras de segunda mano. Tenemos los modelos más modernos. Abrimos de lunes a viernes de 9:00 a 17:00, sábados y domingos de 9:00 a 14:00. Cerramos el 25 de diciembre y el 1 de enero. Si tienes un ordenador viejo y necesitas dinero, nosotros te lo compramos.

F. BOUTIQUE SARAY

La moda italiana llega a la ciudad. Tenemos los vestidos más exclusivos de las marcas de ropa más importantes del mundo de la moda. También vendemos complementos como bolsos, sombreros, gafas de sol y relojes. Abrimos el próximo martes, 25 de febrero. Durante la primera semana vamos a tener descuentos exclusivos.

1	Necesitan empleados.	
2	Puedes ir a cenar con un animal.	
3	Puedes dejar el coche en este lugar.	
4	Quieren vender este producto a los niños.	
5	Tendrán precios especiales durante un tiempo limitado.	

Soluciones: 1 B, 2 D, 3 A, 4 C, 5 F

1. Un amigo te invita a su fiesta de cumpleaños, pero tú no puedes ir, rechaza la invitación. (Entre 100 y 150 palabras) Tienes que:

- Saludar.
- Decir los motivos por los que no puedes ir.
- Proponer una reunión otro día para felicitar y dar un regalo a tu amigo.
- Despedirte.

¡Hola a todos!

El viernes es mi cumpleaños, por desgracia tengo que trabajar hasta tarde y he pensado en celebrarlo el sábado a mediodía. Si hace buen tiempo vamos a hacer una barbacoa en el jardín de mi casa, pero si llueve podemos pedir unas pizzas. Nos vemos el sábado a las 14:00.

....
....
....
....
....

2. Ayer había un examen muy importante en tu escuela, sin embargo, no pudiste ir. Explica a tu profesor los motivos. (Entre 100 y 150 palabras) Tienes que:

- Disculparte y explicar que te pasó ayer.
- Preguntar si puedes realizar el examen otro día.

....
....
....
....
....

Ejemplos de soluciones:

1. ¡Hola! Desgraciadamente el sábado no puedo ir a tu casa, mis padres celebran sus bodas de plata en Toledo y hace ya mucho tiempo que confirmé mi asistencia. Estoy muy triste porque no voy a poder ir a tu fiesta, ayer compré un regalo para ti, quiero dártelo en persona, además de felicitarte. ¿Puedo pasar el viernes por tu oficina sobre las 15:00? Si no puedes este día, el domingo voy a volver de Toledo por la tarde, podemos quedar por el centro y me cuentas cómo fue tu fiesta de cumpleaños.

2. Buenos días. Soy Mario García, alumno de la clase de biología. Ayer estaba muy enfermo y no pude ir a la escuela, tenía fiebre y me dolía mucho la cabeza. Fui al hospital y el médico me hizo un justificante para usted. También me dijo que tenía que descansar y por eso hoy también estoy en la cama. Creo que el lunes voy a estar mejor y voy a ir a la escuela. ¿Puedo hacer el examen la próxima semana? He estudiado mucho y no quiero suspender esta materia. Muchas gracias. Un saludo, Mario.

A. Se vende ordenador portátil Axys 5000. Tarjeta gráfica de última generación para disfrutar de todo tipo de efectos. La pantalla es de alta calidad. Funciona perfectamente, usado solamente tres meses para un curso de edición de fotos y videos.
Precio a negociar. Interesados escribir un correo a la dirección: rauldiseñador@gmail.com

B. A la venta ordenador HT g6 en muy buen estado. Peso: 790 gramos, el más ligero del mercado. Sistema operativo Windows 10, programas básicos y antivirus instalados. Tres puertos USB. Regalo mochila para llevar el ordenador y 2 baterías portátiles. Precio 450 €. Llamar en horario comercial al teléfono: 607 422 426.

C. Vendo mi viejo ordenador que utilicé en la universidad, es un SONI 33. Precio muy económico. Incluyo ratón y altavoces, todo en buen estado a excepción de uno de los altavoces que tiene un pequeño golpe. Solo Valencia y alrededores. Contactar conmigo a través del teléfono: 695 786 315.

¿Qué ordenador es mejor para…?

1. Ángel
Necesito un ordenador para trabajar, soy músico y me muevo mucho por la ciudad. Voy siempre en bici y necesito un ordenador para trabajar durante todo el día. Debe ser fácil de transportar.

2. Pedro
Me gusta mucho jugar a juegos de ordenador en internet, siempre compro las novedades así que necesito un equipo moderno. Utilizo el ordenador todos los días en casa.

3. María
Quiero comprar un regalo para mi hija menor, va a ser su primer ordenador así que necesito algo sencillo y a buen precio. A ella le gusta escuchar música, ver vídeos en YouTube y dibujar con el Paint.

Soluciones: A – 2, B – 1, C - 3

Escuche la canción y complete los huecos.

Reina del Pop, La Oreja de Van Goth

(1)................................ talento y cultura,
manos bonitas y (2)................................ francés.
Cantas, actúas y pintas,
(3)................................ poemas, todo lo haces bien.
Has nacido artista, lo (4)................................,
se te nota en la cara
tienes (5)................................ poder.
Firma aquí abajo y verás
cómo cambia tu vida,
es muy (6)................................ ganar.

Eres la (7)........................ del pop,
una diva sin nombre, un montón de ilusión.
Eres facturas y alcohol,
una (8)................................ borrosa,
una flor sin olor.

Piensa en qué vas a (9)................................
todo ese dinero que vas a ganar.
No (10)................................ cuánto te admiro,
te aplaudo, te miro y te (11)................................ también.

Nunca olvides quién te (12)................................,
quién estuvo contigo, quién te (13).................................

No dejes que nadie al pasar
te mire a los ojos, tú (14)................................ mandar.

Soluciones: 1 Tienes, 2 estudias, 3 escribes, 4 sé, 5 mucho, 6 fácil, 7 reina, 8 foto, 9 gastar, 10 sabes, 11 escucho, 12 ayudó, 13 enseñó, 14 debes

Completa con los fragmentos que faltan. (De los seis fragmentos solo debes usar cinco)

La princesa Leonor

Leonor de Borbón ....1.......... del año 2005 en Madrid, es la princesa de España, algún día será la reina. A Leonor le gusta mucho ....2.......... y la música, la princesa toca el violonchelo desde que tenía 6 años.

Ayer fue un día muy especial para la Familia Real, especialmente para la Princesa Leonor. A sus 13 años leyó su primer discurso oficial en público y eligió un día muy especial, lleno de significado, el 40ª aniversario de la Constitución Española.

Su padre, ...3.........., habló delante de todo el público, después le tocó el turno a la Princesa Leonor ....4.......... Subió a un taburete preparado para ella, para poder llegar al micrófono y leyó los tres puntos del Artículo 1 de la Constitución con voz tranquila y dulce. Un momento perfecto donde no faltaron las miradas de felicidad de sus padres y su hermana, quienes aplaudieron orgullosos de cómo lo había hecho la pequeña Leonor.

Pero este no era el primer acto oficial de la Princesa de Asturias, ya que ....5.......... la protagonista de los 'Centenarios Covadonga 2018' coincidiendo con el Día de Asturias, por supuesto acompañada en todo momento por los Reyes Felipe VI y Letizia y por su hermana la Infanta Sofía.

Adaptado de: http://periodicoelgancho.com

a. montar a caballo

b. el rey Felipe VI

c. nació el 31 de octubre

d. hace unas semanas fue

e. y lo hizo perfectamente

f. no fueron amigas nunca más

Soluciones: 1 – c, 2 – a, 3 – b, 4 – e, 5 - d

52

Completa el texto con las siguientes palabras. (Hay 4 términos de más)

A. helados	B. comí	C. vida	D. rompí	E. botella	F. naranjas
	G. personas	H. papel	I. garaje		

El día que decidí ser Youtuber

Hace tres años tuve una idea, ganar dinero sin salir de casa. Cogí una hoja de (1)................ y empecé a escribir posibles trabajos. Pintor, escritor y traductor fueron los primeros que se me pasaron por la cabeza, sin embargo, no tardé mucho tiempo en descubrir la realidad: los pintores, escritores y traductores saben hacer cosas que yo no sé. Debo admitir que, en aquel momento, me desilusioné un poco, (2)................ la hoja de papel y la tiré a la basura.

Pero aquella misma tarde me encontré con mi primo, él siempre sabe cómo animarme. Fuimos al centro y tomamos unos (3)...................., tuvimos una larga discusión, en la cual descubrí mi destino en la vida, ser Youtuber.

Compré un micrófono profesional y grabé mi primer vídeo, en él hablé sobre los nombres más divertidos para loros. Después de una semana, tan solo cinco personas vieron mi vídeo, no le gustó ni a mi perro, le puse delante de la pantalla del ordenador y ladró como un loco.

Tras mi primer fracaso, decidí dedicar un poco de tiempo a investigar los intereses de las (4)................ Mi segundo vídeo fue todo un éxito, grabé mi viaje a Perú e hice comentarios sobre los lugares más interesantes del país. Ahora tengo un canal de YouTube sobre viajes con millones de suscriptores.

Mi vida es bastante interesante, cada dos semanas estoy en un país diferente, conozco la cultura y las atracciones del lugar. Cuando vuelvo a mi casa, hago los vídeos y los comparto en mi canal.

He visitado algunos sitios realmente increíbles, como el Salar de Uyuni o la isla de Phi Phi. Pero lo más importante de todo, es que he conseguido dedicarme en la (5).................... a lo que realmente me apasiona.

Soluciones: 1 papel, 2 rompí, 3 helados, 4 personas, 5 vida

53

Expresión oral, puedes utilizar la grabadora de voz de tu ordenador o tu teléfono para poder escucharte después y corregir tus errores.

1. ¿Qué hiciste el sábado pasado? (30 - 40 segundos)
· Utiliza las horas.
· Utiliza conectores: antes de, después de, más tarde, por la tarde, etc.

2. Describe la imagen. (30 - 40 segundos)
· Explica lo que puedes ver.
· Imagina que puede estar pasando en la imagen.

Ejemplos de soluciones:

1- El sábado pasado fue un día muy interesante, me desperté pronto, sobre las ocho y media de la mañana. Cuando estaba desayunando me llamó mi amigo Raúl y me dijo que necesitaba ayuda para subir unos muebles a su casa. Me lavé los dientes rápidamente y fui a su piso, trabajé durante dos horas y volví a mi casa. No tuve mucho tiempo para descansar porque a las doce vino mi madre a visitarme, estuvimos hablando sobre mis estudios y se quedó a comer conmigo. Por la tarde fui a tomar un café con unos amigos de la universidad. Sobre las nueve de la noche me sentía cansado. Cuando estaba volviendo a casa me llamó mi primo para invitarme a una fiesta, así que me vestí rápidamente y fui con él.

2- En la imagen puedo ver un paisaje, hay una gran montaña a la derecha con un castillo en la cima, un hombre está sentado en una roca enfrente de la montaña y mira hacia el castillo. A la izquierda hay otra construcción, posiblemente una casa de campo. En el cielo hay nubes y pájaros. También se pueden ver varios árboles en la montaña. Pienso que este hombre es un monje budista y está meditando en la naturaleza, parece que no hace mucho frío porque él no tiene ropa de abrigo. Me gusta la imagen porque transmite mucha tranquilidad y paz.

Accidente en el puente

Ayer por la tarde el tráfico en el centro de la ciudad era especialmente lento. La razón es que a las 16:30 un autobús urbano chocó con un vehículo de alta cilindrada en el puente viejo. Las causas del accidente todavía se desconocen, aunque algunos testigos afirman que el conductor del vehículo deportivo estaba borracho. Dos coches de policía y una ambulancia llegaron rápidamente al lugar de los hechos, por fortuna ninguna persona resultó herida de gravedad y solo hay que lamentar daños materiales en ambos vehículos.

Tras el accidente el puente quedó totalmente bloqueado y la policía decidió cortar tanto la calle Gloria como la avenida del Ferrocarril. Debido a que era hora punta, se creó un atasco kilométrico en los principales accesos al centro de la ciudad. La estructura del puente se vio afectada por el choque de los vehículos, así que bomberos y técnicos del ayuntamiento tuvieron que desplazarse hasta la zona para evaluar los daños y reparar los desperfectos.

Este es el tercer accidente en el puente viejo este año, la Dirección General de Tráfico lo considera un punto negro y ha decidido instalar señales para avisar a los conductores del peligro.

1. La gente que vio el accidente piensa que:
a. La culpa fue del conductor del coche.
b. La culpa fue del conductor del autobús.
c. La culpa fue de la policía.

2. La ambulancia:
a. Llevó a varias personas al hospital.
b. No tuvo que llevar a nadie al hospital.
c. Llegó tarde.

3. Después del accidente:
a. Los vehículos podían pasar por el puente.
b. Los vehículos no podían pasar por el puente.
c. Los bomberos apagaron el fuego.

4. El puente viejo:
a. Es un lugar peligroso.
b. Está cerca de la comisaría de policía.
c. Tiene varios kilómetros.

Soluciones: 1 – a, 2 – b, 3 – b, 4 – a

Complete con las palabras que faltan:

Mi viaje a México

La primera vez que viajé (1)............ Yucatán fue (2)............ el año 2000. Fui (3)............ Yucatán (4)............ visitar las famosas ruinas mayas. Unos años antes ya había estado (5)............ Ciudad de México. (6)............ el año 2003 fui (7)............ Cancún, que está en la península de Yucatán (8)............ pasar unos días (9)............ la playa y disfrutar (10)............ la cultura mexicana.

Después fui (11)............ autobús (12)............ Chetumal, una ciudad fronteriza que está (13)............ territorio mexicano. Salí (14)............ la mañana y tardé más o menos 5 horas en llegar. Pasé 3 días (15)............ Chetumal, me alojé (16)............ un hotel muy lujoso. Finalmente volví (17)............ aeropuerto (18)............ Cancún y mi viaje terminó. Me gustó tanto que (19)............ el vuelo de vuelta (20)............ mi casa ya estaba planeando mi siguiente viaje (21)............ México.

1.	a) en	b) de	c) a
2.	a) con	b) en	c) a
3.	a) sin	b) a	c) en
4.	a) en	b) con	c) para
5.	a) de	b) en	c) a
6.	a) en	b) a	c) con
7.	a) a	b) de	c) con
8.	a) para	b) en	c) por
9.	a) de	b) para	c) en
10.	a) a	b) de	c) para
11.	a) en	b) por	c) a
12.	a) a	b) de	c) con
13.	a) para	b) en	c) de
14.	a) de	b) por	c) a
15.	a) en	b) para	c) de
16.	a) por	b) de	c) en
17.	a) de	b) en	c) al
18.	a) para	b) de	c) por
19.	a) para	b) con	c) en
20.	a) a	b) de	c) en
21.	a) en	b) a	c) de

Soluciones: 1 – c, 2 – b, 3 – b, 4 – c, 5 – b, 6 – a, 7 – a, 8 – a, 9 – c, 10 – b, 11- a, 12 – a, 13 – b, 14 – b, 15 – a, 16 – c, 17 – c, 18 – b, 19 – c, 20 – a, 21 - b

Escuche la canción y complete los huecos.

Minutos, Ricardo Arjona

El reloj de pared anunciando las (1)................................
El pasado con sed y el presente es un atleta sin pies.
Ya son las (2).............................. y el cadáver del minuto que pasó
me dice así se vive aquí te guste o no.
Y la nostalgia pone casa en mi cabeza. Y dan las (3)................................
Quién te dijo que yo era el sueño que soñaste una vez.
Quién dijo que tú voltearías mi futuro al revés.
Ya son las (4).............................. y el cadáver del minuto que pasó
me dice tu estrategia te arruinó,
no queda más que ir aprendiendo a vivir (5).............................., si te quedan agallas.
La casa no es otra cosa que un cementerio de (6)................................
enterradas en fosas que algunos llaman memorias.

Minutos, como sal en la herida, se me pasa la (7).............................. gastando el reloj.
Minutos, son la morgue del tiempo, cadáveres de momentos que no vuelven jamás,
no hay reloj que dé (8).............................. hacia atrás.

Cómo duele gastar el instante en el que tú ya no estás.
Cómo cuesta luchar con las cosas que no vuelven más.
Ya son las (9).............................. y el cadáver del minuto que pasó
se burla de mis ganas de besar la foto que dejaste puesta en el buró.
Mi soledad es tu venganza.
El ministerio del tiempo (10).............................. sede en mi almohada,
ahí te encuentro a momentos aunque no sirve de nada.

*Estribillo

Minutos que se burlan de mí, minutos como furia del mar,
minutos pasajeros de un (11).............................. que no va a ningún lugar.
Minutos como lluvia de sal, minutos como (12).............................. en la piel.
Minutos forasteros que vienen y se van sin decir,
minutos que me (13).............................. sin ti.
Minutos que no pagan pensión, minutos que al morir formarán el batallón del ayer.
Minutos que se roban la luz, minutos que me oxidan la fe,
minutos inquilinos del tiempo mientras puedan durar.
Minutos que (14).............................. morir, minutos que no tienen lugar,
minutos que se estrellan en mi... son kamikazes de Dios.

Soluciones: 1 6:23, 2 6:43, 3 6:50, 4 7:16, 5 solo, 6 historias, 7 vida, 8 vuelta, 9 9:23, 10 puso,
11 tren, 12 fuego, 13 duelen, 14 disfrutan

Relacione los anuncios con las personas interesadas.

A. Piso en la calle Venecia. 1.050 €/mes
Piso totalmente reformado de 110 metros cuadrados en edificio antiguo, techos altos y amplias habitaciones. Cocina equipada y amueblada. A pocos metros del parque de la ciudad y del centro comercial. Portero automático y zona de ocio próxima.

B. Apartamento nuevo en la calle Zapadores. 750 €/mes
Piso a estrenar. 101 m^2, 3 dormitorios con armarios empotrados, 2 baños completos y un aseo con ducha y cabina. Cocina con electrodomésticos (lavadora, lavavajillas, horno, nevera y microondas). Balcón, aire acondicionado y calefacción central.

C. Piso en alquiler en la calle Andalucía. 1.850 €/mes
Vivienda exterior de tres dormitorios amueblada, reformada hace 2 años. Salón, cocina equipada con electrodomésticos, dormitorio principal de lujo con baño, armarios empotrados, suelos de parqué, calefacción individual, ascensor. Gastos incluidos en el precio.

D. Piso de 3 dormitorios en la avenida del Mediterráneo. 595 €/mes
Vivienda de tres dormitorios con plaza de garaje, cocina amueblada y zonas verdes en urbanización cerrada. Estación de metro y varias paradas de autobús en las proximidades. Gastos corrientes no incluidos.

E. Apartamento en el centro. 635 €/mes
Apartamento de 55 m^2, exterior, sin amueblar, un dormitorio, salón independiente, baño con ducha, cocina totalmente equipada, piscina, guardería, zona infantil, trastero y plaza de garaje. Comunidad incluida.

F. Se alquila chalet de lujo. 6000 €/mes
Chalet independiente de 1.100 m^2, 850 m^2 de parcela, piscina, garaje para 4 coches, sauna, gimnasio, bodega de vinos, bar, sala de cine, área independiente para servidumbre, acceso directo a cada planta por ascensor, cámara de vídeo, hall de entrada y área de descanso.

1. Somos una familia grande, necesitamos una vivienda con terreno propio y un amplio garaje. Nos gusta la privacidad y la comodidad.	
2. Queremos una vivienda con garaje, jardín compartido y transporte público cercano.	
3. Quiero una vivienda renovada hace poco tiempo, me gustaría tener un baño en el dormitorio y el suelo de madera.	
4. Necesitamos un piso, no tiene que ser un bloque nuevo pero sí que debe tener lugares de entretenimiento cerca.	
5. Queremos una vivienda reformada, con cocina totalmente amueblada y dos baños como mínimo.	
6. Acabamos de tener un hijo, buscamos un piso con zona para los niños. Tenemos nuestros propios muebles.	

Soluciones: 1 – f, 2 – d, 3 – c, 4 – a, 5 – b, 6 – e

Expresión oral, responde a las siguientes preguntas.

1. ¿Compraste tomates la semana pasada?
2. ¿Cómo conociste a tu mejor amigo?
3. ¿Qué has hecho hoy?
4. ¿Hace dos años estudiabas español?
5. ¿Bebiste café ayer?
6. ¿Con quién jugabas cuando tenías diez años?
7. ¿Qué has desayunado hoy?
8. ¿Estudiaste español el sábado pasado?
9. ¿A qué hora te levantaste ayer?
10. ¿Qué hiciste el domingo?
11. ¿Cómo ibas a la escuela cuando eras joven?

Ejemplos de soluciones

1. Sí, yo compré tomates el martes pasado.
2. Yo conocí a mi mejor amigo en la escuela.
3. Hoy me he despertado pronto, he desayunado con mi familia y he trabajado en la oficina.
4. No, hace dos años yo no estudiaba español, empecé a estudiar el año pasado.
5. Sí, ayer bebí un café con leche muy bueno.
6. Cuando yo tenía diez años siempre jugaba con mis primos.
7. Hoy he desayunado un vaso de leche y tostadas con mantequilla.
8. Sí, el sábado por la tarde yo estudié español.
9. Ayer me levanté a las siete y media.
10. El domingo estuve en la casa de mis abuelos, comimos paella y jugamos a las cartas.
11. Yo siempre iba a la escuela en autobús con mi hermano mayor.

Nivel B1

FUTURO SIMPLE

Se utiliza para:

· Hablar del futuro (predicciones, planes para el futuro).
Mañana lloverá en toda España.
El próximo año beberé menos.

·Dudas en el presente.
¿Dónde está Luis? No sé, estará en el parque.

Formación

Se añaden las terminaciones siguientes al infinitivo.

Yo	-é	Yo *cantaré* mañana en el concierto.
Tú	-ás	Tú *estarás* enfermo mañana.
Él/ella/usted	-á	Él *irá* a la fiesta.
Nosotros	-emos	Nosotros *comeremos* paella el martes.
Vosotros	-éis	Vosotros *hablaréis* español perfectamente.
Ellos/ellas/ustedes	-án	Ellos *vivirán* en Valladolid el año que viene.

VERBOS IRREGULARES

Con algunos verbos debemos cambiar el infinitivo por las siguientes raíces:

SALIR -> SALDR	
TENER -> TENDR	El viernes saldré de fiesta por el centro.
VALER -> VALDR	
QUERER -> QUERR	Si no estudias tendrás problemas.
DECIR -> DIR	
HACER -> HAR	Ella dirá la verdad en el juicio.
PONER -> PONDR	Nosotros podremos hablar español.
VENIR -> VENDR	
CABER -> CABR	Vosotros vendréis a mi casa mañana.
HABER -> HABR	
SABER -> SABR	Ellos sabrán la verdad sobre su amiga.

CONDICIONAL SIMPLE

Se utiliza para:

· **Expresar deseos.**
Me gustaría visitar Chile.

· **Dar consejos o sugerencias.**
Deberías beber menos refrescos.

· **Pedir algo educadamente.**
¿Podrías repetir la pregunta?

· **Duda en el pasado.**
Yo compré un coche, costaría más o menos 10.000 euros.

· **Para expresar una acción futura desde un punto de vista pasado.**
Ayer me dijiste que me llamarías por la noche.

Formación

Se añaden las terminaciones siguientes al infinitivo.

Yo	-ía
Tú	-ías
Él/ella/usted	-ía
Nosotros	-íamos
Vosotros	-íais
Ellos/ellas/ustedes	-ían

Yo iría a tu fiesta, pero no puedo.
Tú deberías comer menos dulces.
A él le gustaría ir a Mallorca.
Nosotros desearíamos ver a Shakira.
¿Vosotros compraríais el coche rojo?
Ayer ellos nos dijeron que llamarían.

VERBOS IRREGULARES

Con algunos verbos debemos cambiar el infinitivo por las siguientes raíces:

```
SALIR -> SALDR
TENER -> TENDR
VALER -> VALDR
QUERER -> QUERR
DECIR -> DIR
HACER -> HAR
PONER -> PONDR
VENIR -> VENDR
CABER -> CABR
HABER -> HABR
SABER -> SABR
```

El viernes querría ir a la playa.

Tú tendrías que estudiar un poco más.

¿Usted podría llamar a Susana?

Ayer dijimos que diríamos la verdad.

¿Vosotros saldríais de fiesta por Vigo?

Ellos me prometieron que harían algo.

PRESENTE DE SUBJUNTIVO

Se utiliza para:

· **Imperativo negativo, e imperativo afirmativo en las personas (usted, nosotros, ellos)**
¡No <u>compres</u> pan!   ¡No <u>bebas</u>!   ¡<u>Salga</u> de aquí señor!

· **Después de (quizás, es posible que, tal vez, puede que, ojalá, para que, no creo que)**
Es posible que mañana <u>llueva</u>.   Ojalá <u>vuelva</u> pronto Roberto.

· **Cuando + subjuntivo + futuro/imperativo**
Cuando <u>tenga</u> 50 años viviré en Santiago.   Cuando <u>salgas</u> del trabajo llámame.

· **Una persona quiere/necesita que otra haga algo.**
Yo quiero que tú <u>trabajes</u>.   Ellos necesitan que <u>vayamos</u>.

Formación
Para la mayoría de los verbos se toma la primera persona del singular del presente de indicativo, se quita la "o" (tener -> yo tengo -> yo teng-) y se añaden las terminaciones:

	Trabajar (-AR)	Comer (-ER)	Vivir (-IR)
(yo)	trabaj-e	com-a	viv-a
(tú)	trabaj-es	com-as	viv-as
(usted, él, ella)	trabaj-e	com-a	viv-a
(nosotros, -.as)	trabaj-emos	com-amos	viv-amos
(vosotros, -as)	trabaj-éis	com-áis	viv-áis
(ustedes, ellos, -as)	trabaj-en	com-an	viv-an

Espero que <u>termines</u> pronto.
No <u>salgas</u> de fiesta hasta tarde.

VERBOS IRREGULARES

Ser	Estar	Ir	Dar	Saber	Haber
Sea	Esté	Vaya	Dé	Sepa	Haya
Seas	Estés	Vayas	Des	Sepas	Hayas
Sea	Esté	Vaya	Dé	Sepa	Haya
Seamos	Estemos	Vayamos	Demos	Sepamos	Hayamos
Seáis	Estéis	Vayáis	Deis	Sepáis	Hayáis
Sean	Estén	Vayan	Den	Sepan	Hayan

Ojalá mi marido <u>esté</u> en casa.
Necesito una secretaria que <u>sea</u> inteligente.
Cuando <u>sea</u> mayor trabajaré en Argentina.

COSAS CLAVES QUE SUELEN APARECER EN EXÁMENES DE NIVEL B1

- Adjetivos calificativos que varían con prefijos (útil, inútil, agradable, desagradable...)
- Términos que suelen preceder al subjuntivo (para que, ojalá, no creo que, antes de que...)
- Dar opiniones personales (no creo que eso sea interesante, diría que es una buena idea...)
- Algo, alguien, alguno, algún...
- Nada, nadie, ninguno, ningún...
- La mayoría, un montón de gente, pocas personas, algunos de ellos...
- Compro el coche – lo compro, quiero la casa – la quiero.
- Compro el coche a Marta – se lo compro.
- ¿Para qué? ¿Con qué? ¿A qué? ¿Con quién? ¿A quién? ¿Para quién?...
- Dentro de dos semanas, la semana que viene...
- Expresar dudas (no sé, estará en casa)
- Además, incluso, por el contrario, excepto, sobre todo...
- Combinación de pasados (cuando llegué, estaba hablando por teléfono)
- Estilo indirecto (ella dijo que quería comprar un coche nuevo)
- Explicaciones entre comas (Ayer Juan, el hijo de Marta, me dijo que iría con nosotros)
- Adverbios con –mente (silenciosamente, fácilmente, estupendamente...)
- Sin embargo, aunque, a pesar de que.
- Aconsejar, permitir, prohibir.
- Hasta que (estuvimos viendo la película hasta que llegó Pedro)

VOCABULARIO DE NIVEL B1

Músculo	Lentejas	Propietario
Hueso	Judías	Mudanza
Piel	Garbanzos	Fregar
Pulmón	Bizcocho	Barrer
Cuello	Magdalena	Cortina
Cintura	Costilla	Espejo
Pecho	Chuleta	Congelador
Tobillo	Pechuga	Estropeado
Codo	Solomillo	Mensajero
Muñeca	Cáscara	Buzón
Mirada	Amargo	Ladrón
Embarazada	Soso	Robar
Sincero	Cocer	Semáforo
Paciente	Asar	Lana
Introvertido	Hervir	Algodón
Vago	Freír	Rayas
Travieso	Condimentar	Cuadros
Seguro	Aliñar	Coser
Conservador	Quemarse	Carrito
Arrogante	Guardería	Cesta
No soportar	Beca	Herida
Portarse bien/mal	Bachillerato	Corte
Tratar bien/mal	Carrera	Adelgazar
Varón	Doctorado	Engordar
Hembra	Equivocarse	Tirita
Burocracia	Subrayar	Vacuna
Joya	Apuntes	Equipaje
Anillo	Folio	Sombrilla
Collar	Tinta	Buceador
Pendientes	Sueldo	Orilla
Pulsera	Huelga	Escalador
Abrazarse	Bricolaje	Conserje
Besarse	Asiento	Saco de dormir
Ligar	Fila	Manta
Envolver	Árbitro	Carril
Calorías	Perdedor	Atasco
Vitaminas	Ganador	Andén
Proteínas	Partido	Despegar
Fibra	Dado	Aterrizar
Hierro	Tablero	Gasolinera
Borracho	Ficha	Hipoteca
Resaca	Locutor	Importación
Marisco	Capítulo	Exportación
Especias	Episodio	Cartel
Embutido	Contraseña	Folleto
Berenjena	Navegador	Experimento
Calabacín	Buscador	Oro
Espinacas	Casero	Plata
Guisantes	Dueño	Protagonista

1. Elija la opción correcta.

1. Quizás tu jefe .... (arrepentirse) de haberte despedido.
a) se arrepienta		b) te arrepientes		c) te arrepientas

2. Cuando .... (ir) a Argentina, ... (visitar) Buenos Aires.
a) iremos / visitaremos		b) vayamos / visitaremos		c) vayamos / visitemos

3. Yo en tu lugar .... (comprar) el coche rojo.
a) comprarías		b) compre		c) compraría

4. Creo que Isabel .... (ser) feliz ahora.
a) es		b) sea		c) fue

5. No creo que aprender español .... (ser) difícil.
a) es		b) sea		c) fue

6. Quiero que Jorge .... (venir) a la fiesta.
a) viene		b) vendrá		c) venga

7. Mañana nosotros .... (ir) al cine con nuestros amigos de Chile.
a) iremos		b) fuimos		c) van a ir

8. Necesito un traductor que .... (saber) hablar chino, ruso y español.
a) sabe		b) supo		c) sepa

9. Ayer Pedro nos dijo que .... (comprar) los billetes por la noche, pero no lo hizo.
a) compraría		b) compre		c) comprará

10. ¡No .... (comer) dulces antes de la cena!
a) comerías		b) comas		c) comes

11. Cuando .... (beber) café me duele la barriga.
a) bebo		b) beba		c) beberé

12. Cuando .... (salir) de casa ....
a) sales / llámame		b) salgas / llámame		c) salgas / llame

13. Mañana .... (llover) en el norte de la península ibérica.
a) llueva		b) está lloviendo		c) lloverá

14. No quiero que .... (volver) tarde a casa.
a) vuelvas		b) vuelves		c) volverás

15. No pienso que ella .... (ser) la más guapa de todas.
a) es		b) sería		c) sea

Soluciones: 1 – a, 2 – b, 3 – c, 4 – a, 5 – b, 6 – c, 7 – a, 8 – c, 9 – a, 10 – b, 11 – a, 12 – b, 13 – c, 14 – a, 15 - c

Complete el texto con las palabras que faltan:

Matías Prats, premio Nacional de Televisión 2017

El presentador de Noticias, Matías Prats, ha sido galardonado con el Premio Nacional de Televisión por su "creatividad y cercanía en el modo de transmitir". El periodista se ha mostrado "muy contento y satisfecho" …….1……. este premio.

La decisión del jurado, …….2……. ha informado el Ministerio en una nota, anticipado con un mensaje en Twitter, reconoce la trayectoria del premiado a lo largo de …….3……. de 40 años de carrera profesional en programas tanto de información general como deportiva y de muy diversa naturaleza "que acreditan la versatilidad de su trabajo".

También ha valorado en Prats la "creatividad y cercanía en el modo de transmitir" la actualidad de España y del mundo y el …….4……. de que su presencia "goza hoy del pleno reconocimiento de varias generaciones de espectadores y periodistas".

El jurado, …….5……. por el director general de Industrias Culturales y del Libro, Óscar Sáenz de Santamaría, ha estado formado por Óscar Graefenhain, Begoña Blanco, Manuel Campo Vida, Mar Gómez Ferrera, Ana Porto, Laura Llopis y Ana Isabel Palacios. El ganador de esta edición, que ha declarado nada más conocer la noticia que está "muy contento y satisfecho", lleva 42 años en el mundo del periodismo.

Hijo del legendario periodista Matías Prats, el galardonado, licenciado en Derecho y Periodismo, llegó …….6……. 1998 a los servicios informativos de Antena 3 como presentador de Noticias.

Además, presentó el programa Territorio Champions sobre la Liga de Campeones de fútbol -2006 a 2009- y el espacio El español de la Historia (2007). El 28 de enero de 2008, presentó …….7……. informativo número 7.000 en televisión.

Considerado uno de los personajes de televisión más apreciado, ha sido elegido en varias ocasiones como el comunicador de mayor credibilidad, más conocido y …….8……. valorado, y tiene dos Premios Ondas, cuatro premios ATV y nueve TP de Oro al mejor presentador de informativos.

(Adaptado de http://antena3.com)

1. a) por   b) contra   c) a
2. a) quien   b) según   c) segundo
3. a) casi   b) muchos   c) más
4. a) quien   b) hecho   c) echó
5. a) presidido   b) presidente   c) presunto
6. a) a   b) en   c) el
7. a) le   b) se   c) su
8. a) mejor   b) mucho   c) más mejor

Soluciones: 1 – a, 2 – b, 3 – c, 4 – b, 5 – a, 6 – b, 7 – c, 8 - a

66

Expresión oral, puedes utilizar la grabadora de voz de tu ordenador o tu teléfono para poder escucharte después y corregir tus errores.

1. Usted va a organizar una reunión de urgencia en el trabajo y está enviando un mensaje de voz a sus compañeros. (30 - 40 segundos) Tiene que:

· Informar de los motivos y los temas que se van a tratar;
· Decir dónde es la reunión, qué día y a qué hora;
· Explicar cómo llegar hasta ese lugar y qué deben preparar para la reunión.

2. Usted va a comprar un piso y está hablando con un amigo para que le aconseje. (30 - 40 segundos) Tiene que:

· Aclarar por qué su vida ha cambiado y necesita un piso ahora;
· Explicar qué tipo de piso quiere: precio, número de habitaciones, localización etc.;
· Hablar sobre la decoración del nuevo piso.

Ejemplos de soluciones:

1- Buenos días, a raíz de los acontecimientos que tuvieron lugar ayer y su posible repercusión en la imagen de la empresa, nos vemos obligados a concertar una reunión de urgencia. En ella no buscaremos culpables, sino que trataremos de crear un protocolo de actuación ante diferentes situaciones problemáticas en las redes sociales. La reunión tendrá lugar en la oficina de la calle Miguel de Cervantes a las 16:00, podéis llegar allí con el autobús urbano número quince. Cada uno debe preparar un breve informe de lo sucedido y posibles soluciones para el tema en cuestión. Javier ha dicho que va a preparar una presentación de PowerPoint sobre casos similares en grandes empresas estadounidenses y la repercusión que tuvieron en sus ventas. Nos vemos a las 16:00, no lleguéis tarde.
Un saludo a todos,
Andrés.

2- Como bien sabes, en agosto va a nacer nuestro segundo hijo, mi mujer y yo estamos muy emocionados, pero nos ha surgido un problema. Cuando el niño tenga unos meses tendremos que comprar muchas cosas, y teniendo en cuenta que la cuna y el carrito ya ocupan la mitad de la habitación, no vamos a tener espacio para vivir. Estamos pensando en comprar un nuevo piso, necesitamos que tenga por lo menos tres habitaciones pues el niño cuando sea mayor querrá tener su propia habitación. Yo trabajo en el centro así que el piso no debe estar muy lejos. No queremos gastar más de 80.000 euros y los pisos en el centro son bastante caros, creo que vamos a tener que buscar algo en el barrio del Raval. Mi mujer ya está mirando los catálogos de muebles y está pensando en comprar un nuevo sofá, yo creo que el nuestro está muy bien y no necesitamos uno nuevo. ¿Qué piensas tú? ¿Conoces a alguien que quiera vender su piso?

Complete con los fragmentos que faltan. (De los seis fragmentos solo debe usar cinco)

………………1……………… La seguridad, la sostenibilidad y la eficiencia de los sistemas de transporte son los primeros factores que las ciudades deben tener en cuenta en su proceso de transformación digital.

La gestión inteligente del transporte tiene que ver con la organización del tráfico en función del número de vehículos y las necesidades de cada momento del día.

………………2……………… Los madrileños que utilizaban habitualmente la línea 8 saben perfectamente a lo que me refiero. Pero estos medios alternativos se dan en pocas ocasiones, cuando el corte de tráfico se planifica con antelación. ¿Qué pasaría si metro y autobús pudieran actuar de una manera coordinada ante una avería imprevista?

"Mastria ha sido diseñado para cubrir las necesidades de coordinación de los diferentes sistemas de transporte en las ciudades", explica Alexis Chavelas, director de movilidad digital en Alstom. Esta empresa ha desarrollado un optimizador de tráfico multimodal o, lo que es lo mismo, un software inteligente que reúne información de trenes, tranvías, autobuses y sistemas de bicicletas compartidas, ………………3………………

Si se produce un corte en una línea de metro, el centro de operaciones de Mastria se entera al momento y puede aumentar la frecuencia de autobuses en estas zonas hasta que los trenes vuelvan a circular.

………………4……………… Por ejemplo, si el servicio meteorológico prevé lluvia dentro de una semana, Mastria sabe (por los datos que ha obtenido durante otros días lluviosos) que la gente es más reacia a conducir en estas situaciones y sus algoritmos preparan un plan de crisis incrementando el número de trenes y autobuses para esta fecha.

Alstom ha presentado su sistema en Madrid y Barcelona y, ………………5………………

(Adaptado de http://elpais.com)

a. aunque aseguran que el proyecto ha sido bien recibido, los responsables municipales de ambas ciudades no han aprobado su implementación.

b. Los usuarios de transporte público en grandes ciudades estamos familiarizados con los autobuses que prestan un servicio alternativo al de una línea de metro cortada.

c. que pueden transportar una media de 15 pasajeros y funcionan mediante cámaras y sensores

d. El sistema también recibe información del exterior y es capaz de aprender de los datos que recoge y predecir futuras necesidades.

e. la analiza y propone soluciones eficientes de adaptación y reorganización urbana en tiempo real.

f. La movilidad es uno de los mayores desafíos a los que se enfrentan las ciudades en su interés por transformarse en inteligentes gracias a la tecnología.

Soluciones: 1 – f, 2 – b, 3 – e, 4 – d, 5 – a

Escucha la canción y completa los huecos.

Cuando me siento bien, Efecto pasillo

Cuando Me Siento Bien la sartén no se pega,
Me sale la tortilla redondita, (1).................
El frío es una excusa "pa" abrazarte más,
si la casa está muy (2)................. nos vamos a un hostal.

Me siento bien, la música me inspira, merengue, bachata y tu voz de dormida.
Con cuatro (3)................. te hago una poesía, enciendo la noche y alargo los días.

Soy capaz de leerte la mente, arreglar los problemas de toda la (4).................
Voy cantando las vueltas del mundo, en solo un segundo le prendo la luz al sol.

Te doy mi (5)................. y te cambia la vida.
Hoy tu lotería voy a ser yo. Voy a ser yo...

Qué (6)................. tenerte cuando amanece y me dices te quiero.
Quererte tan (7)................. que tiemble de emoción el universo.

Cuando me siento bien (8)................. donde sea, pinto los semáforos de verde siempre.
Regalando suerte "pa" que tengas un gran día, yo soy licenciado en amor y (9).................

Me siento bien, me huele a primavera, menta cilantro y tu piel de canela.
Todo lo bonito que hay en una (10)................. entera, ya te lo consigo "pa" que tú me quieras.

Soy capaz de leerte la mente, arreglar los problemas de toda la gente.
Voy cantando las vueltas del (11)................. , en solo un segundo le prendo la luz al sol.

Te doy mi sonrisa y te cambia la vida.
Hoy tu (12)................. voy a ser yo. Voy a ser yo...

*Estribillo

Puedo volar, desaparecer, colarme en tus sueños, (13)................. y cocer.
Abracadabra, me ves, no me ves. Un genio sin lámpara.
Hoy deseo ser veinte veces más fuerte que tú y veloz.
Yo siempre estoy de (14)................. humor.

Soluciones: 1 perfecta, 2 sucia, 3 palabras, 4 gente, 5 sonrisa, 6 suerte, 7 fuerte, 8 aparco, 9 alegría, 10 vida, 11 mundo, 12 lotería, 13 cantar, 14 buen

Tras leer la biografía de este conocido actor, diga si las siguientes frases son verdaderas o falsas.

Antonio Banderas, hijo de un comisario de policía y una profesora de instituto, estudió en el colegio El Divino Pastor, lugar en el que el pequeño Antonio decidió que lo suyo era el fútbol. Jugador del filial del Málaga, Banderas vio cómo desaparecía su sueño de ser futbolista cuando se rompió el pie, momento en el que tuvo que replantearse su futuro.

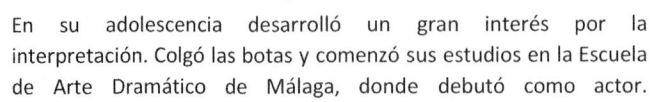

En su adolescencia desarrolló un gran interés por la interpretación. Colgó las botas y comenzó sus estudios en la Escuela de Arte Dramático de Málaga, donde debutó como actor.

Se trasladó a Madrid a los 19 años en busca de una carrera como actor y, después de trabajar como camarero, se unió a la compañía del Teatro Nacional, y se convirtió en el miembro más joven de la compañía. Pedro Almodóvar vio a Antonio y le contrató para ser el actor principal en una de sus películas. El resultado fue tan bueno que el director continuó contando con el malagueño en sus siguientes producciones.

Hollywood abrió las puertas a este aventurero andaluz, tras trabajar en varias películas con actores famosos, Antonio se enamoró de su compañera de profesión, Melanie Griffith, a la que ya admiraba mucho antes de conocer. Juntos tuvieron a su hija Stella del Carmen.

El actor decidió probar en 1999 suerte como director y se puso tras las cámaras para crear "Locos en Alabama", protagonizada por su esposa. Esta experiencia acabó gustándole y volvió a repetir.

Aunque actualmente vive en Los Ángeles, se escapa a España siempre que puede para visitar a su familia y disfrutar de la Semana Santa de Málaga, una cita a la que intenta acudir cada año. Antonio Banderas se considera un hombre feliz porque ha conseguido hacer realidad sus sueños de adolescente.

(Adaptado de http://www.hola.com/biografias/antonio-banderas/)

		V	F
1	Antonio comenzó su carrera como futbolista porque su padre se lo recomendó.		
2	Cuando practicaba deporte, sufrió una lesión importante que le impidió continuar con su pasión.		
3	Se mudó para poder cumplir sus sueños y trabajar en lo que le gustaba.		
4	Pedro Almodóvar eligió a Antonio porque era el miembro más joven de la compañía de teatro.		
5	Para Antonio, las fiestas y tradiciones populares de la tierra donde nació son muy importantes.		

Soluciones: 1 – f, 2 – v, 3 – v, 4 – f, 5 - v

1. Escribir una carta al ayuntamiento. Usted vive desde hace muchos años en una calle a la cual el nuevo gobierno desea dar un nuevo nombre. Al igual que otros vecinos, usted está en desacuerdo con esta decisión y decide escribir una carta para que no se lleve a cabo el cambio de nombre. (Entre 100 y 150 palabras) Usted debe exponer:

· los motivos de su inconformidad con la decisión del ayuntamiento;
· los problemas que esta medida puede generar;
· las acciones que llevarán a cabo los vecinos para evitar el cambio;
· la respuesta que espera de las autoridades.

....
....
....
....
....

2. Responda brevemente a las siguientes cuestiones.

· ¿Dónde estuviste el verano pasado?

....

· ¿Qué has desayunado hoy?

....

· ¿Qué hacías por las tardes cuando ibas a la escuela?

....

Ejemplos de soluciones:

1- Estimado señor/a:
Le escribo la presente carta para mostrar el enfado que está causando entre los vecinos de la zona centro la decisión de cambiar el nombre de la calle Libertad por el nombre de División Azul. En primer lugar, el cambio costará un dinero que podría invertirse en algo más productivo. En segundo lugar, esta decisión ocasionará problemas a los negocios e inquilinos de la calle, pues su dirección vieja aparecerá en diferentes lugares y causará confusiones. Y, por último, a todos los vecinos nos parece que el nombre de División Azul no es apropiado para ninguna calle en este país, al recordar el periodo franquista, la época más negra de nuestra historia. Si desde el ayuntamiento no paralizan esta propuesta, los vecinos estamos dispuestos a organizar protestas e incluso denunciar ante los tribunales este cambio. Espero que rectifiquen cuanto antes.
Un cordial saludo,
Raúl Fernández Martínez.

2-
· El verano pasado estuve en Ecuador.
· Hoy he desayunado un café solo y una tostada con aceite y sal.
· Todas las tardes salía a la calle a jugar con los niños de mi vecindario.

1. Describa la imagen. (30 - 40 segundos)
· Explique lo que puede ver.
· Imagine que puede estar pasando en la imagen.
· Haga descripciones físicas.

2. ¿Cómo sería su luna de miel ideal? ¿Dónde iría? ¿Qué le gustaría hacer? (20-30 segundos)

Ejemplos de soluciones:

1. En la imagen se puede ver en primer plano a una pareja joven que se está besando, el chico tiene el pelo corto y moreno, lleva pantalones vaqueros, camisa y gafas de sol. Ella tiene el pelo largo y rizado, lleva un vestido negro. Parece que ambos cuidan mucho su imagen. Al fondo de la imagen hay un coche blanco aparcado, es posible que los novios estén de excursión en la montaña. Creo que son una pareja de recién casados y están celebrando su luna de miel, han alquilado un coche y están explorando una zona montañosa. Pienso que han parado un momento para hacer unas fotos del paisaje. Es posible que sea primavera porque ambos llevan manga larga pero no tienen chaquetas.

2. Mi luna de miel ideal sería en una isla tropical, por ejemplo, Cuba. Yo iría en invierno porque en mi país hace frío y así podría disfrutar de dos veranos en un año. Me encantaría disfrutar de la naturaleza durante dos semanas y olvidar mi rutina diaria. Podría ir con mi mujer a una zona con parques naturales y dormir en un pequeño y tranquilo hotel junto al mar, ella disfrutaría relajándose en una hamaca en la playa y yo podría bucear o pasear por la costa. Ambos comeríamos la comida típica de la isla y beberíamos deliciosos cócteles por las noches, sentados en la arena. Sin duda alguna, mi luna de miel ideal sería en una isla tropical.

Elija una pregunta para cada uno de los párrafos (hay un párrafo de más)

Entrevista a la cocinera Leonor Espinosa

A. Éramos seis hermanos. Las vacaciones las pasábamos en Sincé, donde aún hoy vive ella, ya con 99 años. La casona tenía arcos grandes y un patio donde se cocinaba, en un fogón de leña, toda esa gastronomía local. No olvido el conejo de monte guisado con leche de coco y pimienta de olor: el conejo se desmechaba, se salteaba y se servía con yuca sancochada. Ese es el relleno de unas croquetas que tengo en la carta y que son un homenaje a cómo todo empezó con Elvia.

B. Cuando terminé la primaria, la rectora del colegio me concedió una beca para que fuera a la Escuela de Bellas Artes de Cartagena después de clases. Fue un goce inmenso dedicarme a la creatividad en esa casa vieja, que era la Escuela en aquella época. Como no me podían llevar, me iba en bus y caminaba. Y así lo hice desde los 12 hasta los 18. Siempre quise continuar.

C. Yo tenía unos amigos artistas aquí, los Rendón. ¡Uno de ellos tenía seis esposas! Yo iba al taller de ellos a modelar para otros artistas y también a pintar. Pero Bogotá, que era la ciudad de las oportunidades y que ofrecía todo tipo de planes, conciertos y actividades novedosas para mí, tenía también demasiada rumba y desenfreno: la fiesta comenzaba los viernes y terminaba los domingos.

D. Te juro que yo no quiero que esto dependa en un 100 % de mí. Mi equipo me da completa seguridad. Confío totalmente en ellos porque una vez estandarizo la preparación, no le cambiamos nada. Eso lo consigo con complicidad en el grupo, no se puede de ninguna otra manera.

E. Por esa época empezó. Vivía en la calle 11 con carrera 2, íbamos al Goce Pagano a bailar. Yo conocí a un argentino saxofonista, y con él cocinábamos todos los días. Tanto él como mis amigos elogiaban mucho mis platos. Luego viví en una casa de campo en Chía donde hacía asados y reuniones. Ahí fue la primera vez que pensé en que la gastronomía podría ser lo mío, tanto fue así que luego de un tiempo me fui para Barranquilla y abrí mi primer restaurante, uno en el que servía comida tailandesa.

F. No tan bien. A partir de ahí empezó una época muy provechosa, pero también muy dura para mi vida. En Barranquilla no conocía a nadie, había tenido un reciente desencanto amoroso y no tenía dinero. Luego puse un restaurante en Baranoa, en la antigua carretera a Cartagena, y allí la cosa empezó a ir un poco mejor porque la carta tenía un toque personal. El restaurante fue exitoso, pero yo estaba muy sola.

Adaptado de: http://www.eltiempo.com

1. ¿Y cómo le fue?
2. ¿Cuándo dio el giro definitivo hacia la gastronomía?
3. ¿Cómo fue conquistar la capital por primera vez?
4. ¿Por qué su abuela marcó tanto su infancia?
5. ¿Cómo fue su primer acercamiento al arte?

Soluciones: 1 – f, 2 – e, 3 – c, 4 – a, 5 - b

1. ¿Cómo podemos frenar el cambio climático? Usted escribe un artículo de opinión en un blog de internet sobre el cambio climático. (Entre 100 y 150 palabras) Usted debe hablar de:

· las causas que han generado el cambio climático;
· la situación actual;
· el futuro del planeta;
· posibles soluciones al problema.

....
....
....
....
....

2. En su situación actual, ¿prefiere alquilar o comprar una casa? Razone su respuesta.

....
....
....
....
....

Ejemplos de soluciones:

1- Desde hace unos años, la gente está preocupada por el cambio climático, algunas personas piensan que hay que empezar a actuar ya para evitar desastrosas consecuencias, también están las más escépticas que opinan que el cambio climático no afectará al planeta. La contaminación y el uso descontrolado de los recursos naturales parece que son los principales causantes del cambio climático. Hoy en día, podemos empezar a ver lo que parecen ser los primeros síntomas de este cambio: mares que han perdido su agua, como el mar de Aral, especies de animales en peligro de extinción y el derretimiento de los polos. Si la situación no se controla los científicos opinan que las olas de calor serán cada vez más fuertes y el nivel del mar subirá, inundando las actuales zonas costeras. La única solución es que los políticos se comprometan con la protección del planeta y regulen el uso que hacemos de los recursos naturales.

2- Actualmente, vivo en casa de mis padres, estoy parado desde hace cuatro meses. No creo que sea el mejor momento para comprar un piso. Tengo algo de dinero ahorrado y esto me permitiría vivir un par de años sin trabajar, sin embargo, voy a empezar a buscar empleo este verano. Cuando encuentre un trabajo pensaré en alquilar una habitación o un pequeño piso.

Escucha la canción y completa los huecos.

Donde duele inspira, Rafael Lechowski

Oh dios me estoy matando, bebiendo y fumando,
engañando al tiempo para soñar despierto y morir (1)..................
Apenas veo el cielo con el humo de las fábricas,
ni oigo a mi conciencia con el ruido de las máquinas.
Pero sé lo que hay bajo esas gafas de sol en (2)...................,
problemas y una mujer que no se defiende, todavía no ha amanecido ni nada parecido,
pero un ángel aguarda en la (3).................. del bus para traer algo a su nido.

Puedo creerme Dios si escribo un nuevo verso,
pero dime quien soy yo en proporción al (4)...................
Y así descendí de la nube en la que vivía, y aprendí que para mí la rutina no es monotonía.
Vivo en un mundo en el que la libertad tiene (5)...................,
procura que tus palabras sean mejores que el silencio.
Y cuando mi alma está (6).................. y nada me alegra tía,
no hay lágrima en mis ojos pero lloro todos los días.

Mi canto es de dolor como el de un (7).................. enjaulado,
apenas distingo el olor desde aquí al parque de al lado.
Era más feliz cuando era un crío ignorante,
ya bueno, como todos, pero ya no todo es como (8)..................

Sé que mi defecto es pasajero,
pero también sé que no vivir para siempre representa al mundo entero.
Y somos héroes de la clase obrera el villano es el (9)...................,
esclavo laboral al borde del aburrimiento.
Soy un alquimista mortal sin miedo a la (10)...................,
escribo versos de oro cuando muera vendré a verte.
Desde el infierno terrenal hasta mi cielo subterráneo,
planeo a ras del océano sin temor a hacerme daño.

Mi musa es una brisa de humo gris, (11).................. al mundo entero pero solo creo en mí.
Poeta y dramaturgo, taciturno de la urbe,
(12).................. nubes de humo con los dos dedos en V.
El sol se precipita sobre el horizonte, una nueva cita con mi musa y no sé (13)..................

Educad a los niños para no castigar a los hombres,
comprometido con el arte pobre diablo muerto de hambre.
Para ver el arco iris has de soportar la (14)...................,
y yo siempre torturándome para ver si algo me alivia.
Grítame grita miel grítame vuelvo a mi cripta, el tic tac dicta.

Soluciones: 1 soñando, 2 diciembre, 3 parada, 4 universo, 5 precio, 6 negra, 7 pájaro, 8 antes, 9 tiempo, 10 muerte, 11 represento, 12 dibujando, 13 dónde, 14 lluvia

Complete el texto con las palabras que faltan:

El Princesa de Asturias de las Letras distingue al poeta Adam Zagajewski

El escritor, de 71 años, se ha consolidado como uno de los más prestigiosos autores europeos de la posguerra.

"Dondequiera que uno corte la vida, siempre la ……1…… en dos mitades". Con esta frase resumió su biografía hace 20 años Adam Zagajewski, ganador del Premio Princesa de Asturias de las Letras. La ciudad polaca en la que nació en 1945 (Lvov) ……2…… actualmente a Ucrania, su infancia transcurrió en Gliwice, un "lugar feo y gris" de Alemania que se incorporó a Polonia al final de la Segunda Guerra Mundial. Zagajewski es, de pies a cabeza, un fruto de la posguerra: primero un desplazado; después, un exiliado. En 1982 se instaló en París para, ……3…… ejercer como profesor en diversas universidades estadounidenses, volver a su país natal dos décadas después, con la caída del régimen comunista. Hoy ……4…… vinculado a la universidad de Chicago, pero vive entre Francia y Cracovia. En eso es fiel a una de sus particulares clasificaciones: mientras la pintura es, dice, un invento de sedentarios, la música lo es de cosmopolitas. La poesía es cosa de emigrantes, es decir, de "aquellos desdichados que, con un patrimonio ridículo, se balancean al borde del abismo, a caballo entre continentes".

Zagajewski ha sabido conjugar en sus versos la ironía y el éxtasis, lo sublime y lo cotidiano, ……5…… renunciar a la claridad, pero tampoco al misterio.

Su marcha a París a principios de los años ochenta partió su escritura, como su biografía, de nuevo en dos mitades. Tras publicar títulos que hoy encuentra "irritantes" como Comunicado (1972) y Carnicerías (1975) —compuestos para contrarrestar la "falsedad" de la propaganda gubernamental—, su obra se orientó ……6…… una poesía meditativa en la que la narración convive con la reflexión.

Ese libro, que ……7…… con los recuerdos infantiles del pequeño Adam, relata los días en que, instalados en la soviética Gliwice, su familia dividía las cosas, como hace ahora él mismo con los géneros artísticos, en tres categorías: aristocráticas, burguesas y socialistas. Las aristocráticas —de valor emocional— eran las que los deportados cargaron desde Polonia. Las burguesas —utilitarias—, las dejadas por los alemanes en la ciudad cuando esta se ……8…… en polaca. Las socialistas —una moto, una batidora—, las producidas por "la inepta República Popular de la posguerra". En todas ha sabido encontrar Zagajewski su dosis de poesía.

(Adaptado de http://elpais.com)

1. a) vierte   b) salta   c) parte
2. a) dobla   b) pertenece   c) renace
3. a) tras   b) detrás   c) después
4. a) siguió   b) sigue   c) pide
5. a) sin   b) con   c) pero
6. a) clara   b) hacia   c) entre
7. a) admite   b) alarga   c) arranca
8. a) convirtió   b) convierta   c) convertido

Soluciones: 1 – c, 2 – b, 3 – a, 4 – b, 5 – a, 6 – b, 7 – c, 8 - a

Completa el siguiente texto con las palabras del recuadro, ten en cuenta que hay cuatro palabras que sobran.

alas	hoja	maletas	agujeros	alegría	rueda
	galletas	maletero	carreteras		

La casa de los abuelos

El fin de semana pasado mi madre tuvo una gran idea, organizar una excursión para toda la familia a la casa de nuestros abuelos. Mi padre tuvo que aceptar porque mi hermana y yo gritamos de (1)................... al instante.

Y es que no es fácil llegar hasta la casa, pues está en una de las zonas más inaccesibles del país. El lugar no aparece en los mapas y el estado de las (2)................... es lamentable. La mayoría de las veces nos perdemos intentando llegar, ya que muchos caminos están cortados por troncos de árboles caídos o simplemente desaparecen entre una espesa vegetación.

Mi madre hizo las (3)................... con toda nuestra ropa dos días antes de salir, mi padre estudió los mapas con detenimiento y mi hermana y yo nos preparamos para ver a nuestros queridos abuelos de las montañas.

La excursión fue toda una aventura, los primeros quinientos kilómetros fuimos sin problemas, hablando y cantando en el coche, pero entonces llegamos a la zona crítica. Empezamos a subir la montaña por un camino de tierra lleno de (4)..................., mi hermana vomitó dos veces y el coche olía fatal. Poco después empezó a llover intensamente y prácticamente no se podía ver nada a través de los cristales del coche. Mi padre se puso un poco nervioso porque se equivocó de camino y perdimos más de una hora. Por suerte mi madre recordó una ruta alternativa y finalmente llegamos a la casa.

Lo primero que vimos fue a mi abuelo salir corriendo para abrir las puertas de la cochera. Al entrar, mi hermana y yo fuimos corriendo a abrazar a nuestra abuela que estaba en la cocina preparando (5)................... Pasamos un fin de semana estupendo, todavía recuerdo el olor de aquella vieja casa, el sonido del motor del coche de mi abuelo y las interminables noches que pasamos contando historias de terror.

Soluciones: 1 – alegría, 2 – carreteras, 3 – maletas, 4 – agujeros, 5 - galletas

OFERTAS DE VIAJES

A. VIAJE POR ESPAÑA
El recorrido empieza en la ciudad de Madrid (con opción de ser recogidos en Toledo pagando un suplemento¿Tú que vestido comprarías? de 20€ por persona). Desde la capital cogeremos un tren de alta velocidad hasta Valencia, visitaremos la ciudad y los alrededores durante 2 días y partiremos en autocar hasta Barcelona donde pasaremos 2 días más, allí tendremos visitas guiadas por los principales atractivos turísticos. Volveremos en avión al aeropuerto de Madrid. Los menores de 12 años pagan la mitad, bebés de menos de dos años gratis.
Días de salida: todos los miércoles desde el 1 de mayo hasta el 30 de septiembre a las 12:30.
Precio: 250 € (incluye alojamiento con desayuno, transporte y visitas guiadas). Se debe pagar por adelantado en nuestras oficinas o por transferencia bancaria.

B. VIAJE A CUBA
Excelente para disfrutar de unas vacaciones tranquilas, el paquete incluye seis noches de alojamiento con pensión completa en un hotel junto al mar con piscina y servicio de guardería. Las bebidas alcohólicas con una graduación inferior a 20 grados son gratuitas de 9:00 a 21:00 horas. Salidas desde Caracas y Bogotá. Traslado desde el aeropuerto al hotel en autobús. Excursiones a La Habana y Santiago opcionales, se deben abonar en el hotel. Descuentos en alquiler de bicicletas y motos de agua. El precio depende de la fecha de reserva, las familias con más de dos niños pueden optar a promociones especiales gracias a nuestra tarjeta de puntos "Viajando en familia".
Días de salida: lunes, miércoles y viernes.

C. CRUCERO POR EL MEDITERRÁNEO
Salidas desde el puerto de Alicante todos los viernes de abril. Visitas a Mallorca, Barcelona, Marsella, Génova y Palermo. Desayunos, comidas y cenas incluidos en el precio, así como café y té sin límite, sin embargo, el resto de bebidas deben ser abonadas en el acto. El barco cuenta con piscina, gimnasio y zona de SPA para todos los públicos. A la discoteca y al casino solo podrán acceder los mayores de 18 años. Escalas en las ciudades de 6 horas con posibilidad de contratar un servicio de visita guiada.
Precio: 599 € por persona, niños hasta 4 años gratis.

1. ¿En qué viaje la cerveza y el vino están incluidos en el precio?
a) España   b) Cuba   c) Mediterráneo

2. ¿En qué viaje se utilizan tres medios de transporte diferentes?
a) España   b) Cuba   c) Mediterráneo

3. ¿En qué viaje el alojamiento ofrece un lugar para dejar a los niños?
a) España   b) Cuba   c) Mediterráneo

4. ¿En qué viaje el alojamiento tiene lugares restringidos para los niños?
a) España   b) Cuba   c) Mediterráneo

5. ¿En qué viaje las familias numerosas obtienen ventajas?
a) España   b) Cuba   c) Mediterráneo

Soluciones: 1 – b, 2 – a, 3 – b, 4 – c, 5 – b

Complete con los fragmentos que faltan. (De los seis fragmentos solo debe usar cinco)

Feria impulsa el uso de la bicicleta como medio de transporte

Charlas, talleres, paseos recreativos y hasta clases para aprender a manejar este vehículo son parte de la oferta. Esta es la primera vez que el país realiza una actividad de este tipo, ………………1………………….

La bicicleta no contamina el ambiente, ………………2………………… . Con esos y otros argumentos así de sencillos, el Centro para la Sostenibilidad Urbana impulsa el uso de este medio de transporte.

Por ese motivo, esta fundación sin fines de lucro organizó la Expo Bici, que se lleva a cabo este sábado 10 y domingo 11 de junio en San José. En su primera edición, el evento pretende fomentar la práctica del ciclismo urbano como una opción de movilidad, para disminuir la congestión vehicular y promover un estilo de vida saludable y amigable con el ambiente.

Según la dirigente, Expo Bici quiere involucrar a todos los actores de la sociedad que tienen un rol en el tema del transporte público. "Una ciudad que invierte en infraestructura, ………………3…………………., es una ciudad amigable con los ciclistas. A Costa Rica le falta mucho camino en ese sentido. Sin embargo, últimamente ha habido esfuerzos locales importantes y esas acciones son las que queremos reforzar con la feria".

Los paseos en "bici" para toda la familia no pueden faltar. El sábado, a las 9:30 a.m. ………………4…………………, el cual tendrá como tema "los años ochenta", y estará coordinado por los grupos Chicas en Cleta y KickBike.

La Expo Bici ya se encuentra posicionada en países como México, Uruguay, Chile, Argentina y Colombia. La idea es replicarla en Costa Rica anualmente.

La "Encuesta para ciclistas activos en el Área Metropolitana de San José", realizada por el Ministerio de Obras Públicas y Transportes, como primer acercamiento a la población ciclista de la capital, concluyó que son los nacidos entre 1980 y 1993 ………………5………………… .
De hecho, el 66% de las 2.288 personas que completaron la medición dijeron tener entre 18 y 35 años.

(Adaptado de http://nacion.com)

a. que presta atención al ciclismo, lo legitima y lo protege

b. alternativa ante el caos vial que atropella nuestra calidad de vida.

c. la cual busca llamar la atención de diversos sectores de la sociedad

d. quienes están demandando una solución activa para movilizarse dentro de la ciudad

e. será el primero

f. permite ejercitarse y no implica gastos en combustible

Soluciones: 1 – c, 2 – f, 3 – a, 4 – e, 5 – d

Di si las siguientes oraciones son verdaderas o falsas.

EL NIÑO TRAVIESO

Hola a todos, mi nombre es Paquito y soy un niño muy malo. Nací en Zaragoza un martes y trece, el día de la mala suerte en España, mis padres tuvieron mucho miedo porque de bebé, en el hospital, me puse a ver películas de terror.

Cuando tenía catorce meses, mis abuelos me compraron unos coches de metal, yo los lancé todos por el balcón y, por accidente, rompí la ventana de uno de mis vecinos, mis padres tuvieron que pagar la reparación y se enfadaron mucho conmigo, pero mi abuelo me compró en secreto unos coches nuevos.

A los dos años empecé a ir a la guardería, allí conocí a mis amigos Zipi y Zape, juntos formamos una pequeña banda y volvimos locas a nuestras cuidadoras, un día cerramos la puerta de la guardería y pusimos las llaves dentro de la lavadora. ¡Fue divertidísimo!

El día de mi cumpleaños es el trece de mayo, normalmente vienen muchos invitados con regalos, pero yo siempre les digo que los juguetes que me han comprado son muy feos y que no me gustan, ellos ponen caras tristes y yo me río como un loco. Tengo una risa de niño malo que estoy perfeccionando con el tiempo.

Mi abuelo es el único que me entiende, él es igual que yo, una vez me contó que, de pequeño, envió cartas de amor falsas a sus padres, después se escondió debajo de la mesa para ver sus reacciones. Mi abuelo es el mejor bromista del mundo, de mayor quiero ser como él.

Tengo muchos planes para el futuro, algún día voy a viajar a Polonia, he oído que es el mejor país del mundo para hacer bromas. Voy a poner bloques de LEGO dentro de las empanadas, también quiero hacer muñecos de nieve con la ropa de mis vecinos y pegar papelitos con formas de insectos en los botes de cristal que las abuelas polacas guardan en sus casas... jejeje, soy un niño muy malo.

		V	F
1	Nació fuera de España.		
2	Su carácter cambió cuando empezó a ir a la guardería.		
3	Su cumpleaños es en primavera.		
4	Paquito quiere aprender de su abuelo.		
5	El niño quiere hacer bromas en el extranjero.		

Soluciones: 1 F, 2 F, 3 V, 4 V, 5 V

Expresión oral, responde a las siguientes preguntas.

1. ¿Dónde vivirás cuando tengas cincuenta años?
2. ¿Qué te gustaría hacer mañana?
3. ¿Irás a la fiesta de Luisa el miércoles?
4. ¿Crees que contaminar los océanos es bueno?
5. ¿Tú qué vestido comprarías?
6. ¿Qué quieres que haga con este dinero?
7. ¿Qué harás si llueve mañana?
8. ¿Marta te dijo que llegaría a las cinco y media?
9. ¿Qué cosas no te gustan de Marcos?
10. ¿Qué harás cuando salgas del trabajo?
11. ¿Desearías tener una casa más grande?

Ejemplos de soluciones

1. Cuando yo tenga cincuenta años, viviré en Sevilla.
2. Mañana me gustaría ir al cine con mis amigos.
3. Sí, iré a la fiesta.
4. No, no creo que contaminar los océanos sea bueno.
5. Yo en tu lugar, compraría el vestido verde.
6. Quiero que compres pan y el periódico.
7. Si mañana llueve, me quedaré en casa y leeré un libro.
8. Sí, me dijo que vendría a las cinco y media, no sé por qué no ha llegado todavía.
9. No me gusta que Marcos fume dentro de la casa.
10. Cuando salga del trabajo, iré al gimnasio.
11. Sí, la verdad es que me encantaría tener una casa más grande.

Nivel B2

PRETÉRITO IMPERFECTO DE SUBJUNTIVO

Se utiliza para:

· Una oración que necesita del subjuntivo en pasado.
Yo quería que ella *viniera* a la fiesta.

· Después de la locución "como si".
Este chico habla como si *estuviera* con el jefe.

· Frases condicionales irreales: Si + imperfecto de subjuntivo + condicional simple.
Si *fueras* más alta jugarías al baloncesto.

· Después de un verbo principal en condicional.
Me gustaría que *salieras* más de tu casa.

Formación

Se toma la 3ª persona del plural del pretérito indefinido, se elimina la terminación -ron, y se añade la terminación de la tabla que será la misma para todos los verbos.

Trabajar -> ellos trabajaron -> yo trabajara

	-ar / -er / -ir
(yo)	-ra / -se
(tú)	-ras / -ses
(usted, él, ella)	-ra / -se
(nosotros, -.as)	-ramos / -semos
(vosotros, -as)	-rais / -seis
(ustedes, ellos, -as)	-ran / -sen

Yo buscaba un profesor que *supiera* ruso y chino.
Si *pudiera* te ayudaría.
Han jugado como si *fueran* profesionales.
Me gustaría que *ayudarais* más en casa.
Si *ganara* la lotería me compraría un yate.

FUTURO PERFECTO

Se utiliza para:

· **Suposición de una acción que habrá tenido lugar antes de un momento en el futuro.**
Cuando tenga 50 años ya habré visitado Perú, Panamá y Chile.
Para entonces ya habré terminado.

· **Suposición sobre una acción pasada.**
¿Dónde está Luis? No sé, se habrá perdido viniendo.
¿Por qué no ha llamado? No sé, se habrá quedado sin batería en el teléfono.

Formación

VERBO HABER EN FUTURO + PARTICIPIO

HABER	Para formar el **PARTICIPIO** cambiamos:
Yo **habré** Tú **habrás** Él / ella **habrá** Nosotros **habremos** Vosotros **habréis** Ellos / ellas **habrán**	· La terminación de los verbos (-ar) por (-**ado**) trabajar = **trabajado** hablar = **hablado** · La terminación de los verbos (-er), (-ir) por (-**ido**) comer = **comido** vivir = **vivido**

Estoy llamando y no contestan, habrán salido a dar un paseo.
Cuando nazca mi tercer hijo ya habré comprado la casa.
Supongo que ya habréis terminado de pintar la habitación.

VERBOS IRREGULARES

Recordamos algunos verbos que tienen el participio irregular:

Hacer = hecho   Escribir = escrito   Decir = dicho
Abrir = abierto   Volver = vuelto   Morir = muerto
Poner = puesto   Romper = roto   Ver = visto
Resolver = resuelto Cubrir = Cubierto   Prever = previsto

¿Quién habrá escrito esta tontería?
Cuando mis nietos sean mayores yo ya habré muerto.
Imagino que Noelia habrá vuelto ya a casa.

PRETÉRITO PLUSCUAMPERFECTO

Se utiliza para:

· Una acción que tiene lugar con anterioridad a un determinado momento del pasado.

Ayer Raúl me dijo que había visto a María el día anterior.
Yo tuve un examen el viernes, aprobé sin problemas porque había estudiado mucho.

Formación

VERBO HABER EN IMPERFECTO + PARTICIPIO

HABER	Para formar el **PARTICIPIO** cambiamos:
Yo **había**	· La terminación de los verbos (-ar) por (-**ado**)
Tú **habías**	
Él / ella **había**	viajar = **viajado** comprar = **comprado**
Nosotros **habíamos**	
Vosotros **habíais**	· La terminación de los verbos (-er), (-ir) por (-**ido**)
Ellos / ellas **habían**	beber = **bebido** sentir = **sentido**

Cuando llegué a la fiesta ya se habían ido todos.
Quise avisarle, pero era demasiado tarde, ya había comprado los billetes.
Ellos estaban muy cansados porque habían trabajado mucho.

VERBOS IRREGULARES

Recordamos algunos verbos que tienen el participio irregular:

Hacer = hecho	Escribir = escrito	Decir = dicho
Abrir = abierto	Volver = vuelto	Morir = muerto
Poner = puesto	Romper = roto	Ver = visto
Resolver = resuelto	Cubrir = Cubierto	Prever = previsto

Nunca antes habíamos visto amanecer. (Ya lo hemos visto)
Cuando llegué a casa Marcos ya había vuelto.
No tuve que hacerlo porque mi mujer ya lo había hecho.

COSAS CLAVES QUE SUELEN APARECER EN EXÁMENES DE NIVEL B2

- Hacer noche, dar besos, tener lugar, poner fecha.
- Lenguaje formal (muy señor mío, un cordial saludo…)
- La mitad, un tercio, un cuarto, una quinta parte…
- El doble, el triple, veinte veces más…
- Dos de cada diez, uno de cada dos…
- Cualquier, cualquiera.
- Irse (me fui de la fiesta a las 22:00)
- Se abrió la ventana, se rompió el coche.
- El chico del que te hablé, la foto que te enseñé, la película que vimos ayer…
- Repentinamente, definitivamente, continuamente, instantáneamente, repetidamente…
- Afortunadamente, desgraciadamente, desafortunadamente, lamentablemente…
- El lugar donde nos conocimos, quedamos donde la última vez, lo haré como quieras…
- Imperfecto para expresar ideas (pensaba que él era más inteligente, creía en sus ideas)
- Imperfecto/condicional para expresar futuro en el pasado (dijo que iba a venir/vendría)
- Subjuntivo en pasado (buscaba un empleado que hablara ruso, yo quería que vinieran)
- Usos del participio (las puertas estarán abiertas, me miró sorprendido)
- Usos del gerundio (llegó corriendo, me lo dijo gritando, tengo todo el cuerpo temblando)
- Adjetivos con ser/estar (es listo, está listo, es verde, está verde…)
- Ponerse, quedarse, hacerse, volverse.
- Verbos con preposiciones (contar con alguien, darse cuenta de algo, confiar en alguien…)
- Negativas con "ni" (ni lo he visto, ni me interesa…)
- Sino (no es blanco sino negro…)
- No obstante (estudié mucho, no obstante, suspendí el examen…)
- Oraciones subordinadas (Dijo que llamaras cuando llegaras…)
- Tanto si ……… como si ………, por más que….., por mucho que…..

VOCABULARIO DE NIVEL B2

Frente	Bautizo	Ambicioso
Mejilla	Comunión	Competente
Barbilla	Santo	Capaz
Ceja	Ceremonia	Perezoso
Pestaña	Banquete	Pasatiempo
Cana	Refresco	Ocio
Uña	Licor	Disfrazarse
Cerebro	Pudrirse	Inaugurar
Hígado	Ayunar	Desfile
Riñón	Sacacorchos	Campeonato
Intestino	Corcho	Aficionado
Esqueleto	Tapón	Socio
Ciego	Bollería	Triunfo
Sordo	Lenguado	Lesión
Mudo	Dorada	Titular
Lágrima	Salmonete	Portada
Sudor	Langostino	Rueda de prensa
Tumbarse	Mejillón	Cemento
Tirarse	Almeja	Ladrillo
Aplaudir	Legumbres	Reformar
Estornudar	Frutos secos	Buhardilla
Encerrar	Almendras	Incendio
Callado	Avellanas	Escoba
Cobarde	Albahaca	Fregona
Tacaño	Delicioso	Trapo
Solidario	Exquisito	Polvo
Vista	Cuenco	Bombilla
Gusto	Abrelatas	Timbre
Oído	Barman	Linterna
Olfato	Seminario	Interruptor
Tacto	Congreso	Caja fuerte
Progresar	Reflexionar	Domiciliar
Envejecer	Deducir	Delito
Validez	Justo	Farola
Lentillas	Injusto	Albornoz
Cónyuge	Castigo	Cremallera
Cuñado	Grapadora	Aguja
Suegro	Celo	Hilo
Nuera	Clip	Percha
Yerno	Cartulina	Arrugado
Bisabuelo	Destornillador	Escayolar
Mellizos	Enchufe	Mareos
Reñir	Delantal	Náuseas
Pelearse	Almacén	Vomitar
Heredar	Indemnización	Mancha
Testamento	Referencias	Grano
Miembro	Comisión	Albergue
Enemigo	Anticipo	Acampar
Casualidad	Estar de baja	Peatón

1. Elija la opción correcta.

1. Roberto no quería que ella .... (ir) a la fiesta.
a) fue
b) iba
c) fuera

2. Cuando llegamos al parque ya se .... (ir) todos.
a) habían ido
b) han ido
c) fueran

3. Mi jefe buscaba un traductor que .... (hablar) árabe.
a) hablara
b) hablase
c) a b son correctas

4. El sábado .... (ir) al cine y .... (ver) la película Relatos salvajes.
a) íbamos/viéramos
b) fuimos/vimos
c) fuéramos/vimos

5. Cuando era pequeña no me gustaba que mi hermana .... (gritar) por las mañanas.
a) gritara
b) gritó
c) había gritado

6. Señor, ... (pasar) por aquí.
a) paso
b) pase
c) pasara

7. Me gustaría que .... (venir) a la graduación de mi hijo.
a) viniste
b) venías
c) vinieras

8. Marta me dijo que .... (ver) a Cristina el día anterior.
a) veía
b) había visto
c) ha visto

9. Cuando .... (tener) 60 años .... (vender) mi coche.
a) tendré/venderé
b) tengo/venderé
c) tenga/venderé

10. Estoy preocupado .... ella.
a) para
b) por
c) en

11. Mi padre trabajaba muy duro para que yo .... (poder) estudiar.
a) pudiera
b) podría
c) pude

12. Estudié inglés cuando era pequeña, gracias .... esto ahora trabajo en Londres.
a) por
b) a
c) para

13. Desearía que mi padre .... (estar) aquí.
a) estuviera
b) estuvo
c) estará

14. Pasé sin problemas el examen porque .... (estudiar) mucho la semana anterior.
a) he estudiado
b) había estudiado
c) estudiara

15. Necesito que me .... (ayudar) con la mudanza.
a) ayudas
b) ayudes
c) ayudarás

Soluciones: 1 - c, 2 - a, 3 - a, 4 - b, 5 - a, 6 - b, 7 - c, 8 - b, 9 - c, 10 - b, 11 - a, 12 - b, 13 - a, 14 – b, 15 - b

Complete el texto con las palabras que faltan:

La actual publicidad: los consumidores, seducidos en la Red

Hay quien asegura …….1……. el acto de anunciarse es, en realidad, una tendencia muy natural: ahí están las flores, con sus estupendos colores y formas; o los gallos, con su plumaje y sus cantos; y hasta el ser humano, intentando convencer a los demás, desde los tiempos más primitivamente instintivos, de su fuerza o su belleza. ¿Y qué es todo esto …….2……. publicidad?

En una sociedad como la nuestra, …….3……. en el consumo, su importancia resulta evidente; y no solo como motor económico, sino como forma de vida, ya que en ella se apoyan modas, costumbres e incluso la cultura. Un anuncio exitoso implica al producto en sí, pero asimismo proyecta los gustos y los sentimientos que dominan en ese momento.

Así, el eslogan de los anuncios de Nike –Just do it–, …….4……. de suponer un gran éxito para la marca, muestra toda una filosofía de vida. ¿Te gusta conducir?, de la famosa campaña de BMW, son palabras que evocan placeres viajeros y un sentimiento de libertad. También han quedado …….5……. en el recuerdo colectivo, por toda su implicación en valores sociales –vinculados a temas como la religión, la raza o la homosexualidad–, las polémicas campañas de United Colors of Benetton. O el buen impacto de evocar el mundo íntimo del hogar –y más en un país monárquico– que tiene la frase La república independiente de tu casa, de Ikea.

Pero ¿cómo hemos llegado …….6……. este estado de cosas? A alguien se le tuvo que ocurrir hacer publicidad como hoy en día se hace, ¿no? El londinense Thomas James Barratt (1841-1914) es considerado el promotor del marketing moderno debido …….7……. que en su campaña para los jabones Pears, a finales del siglo XIX, incluyó eslóganes pensados para un público específico junto a imágenes sugerentes, consiguió …….8……. el producto a una alta consideración de cultura y calidad y definió como canon la imagen de marca. Algunas de sus máximas siguen encajando en la actualidad: "Los gustos cambian, las modas cambian y el publicista tiene que cambiar con ellos".

(Adaptado de http://muyinteresante.es)

1. a) de   b) que   c) a
2. a) sino   b) pero   c) si no
3. a) envase   b) pasada   c) basada
4. a) además   b) quiere   c) por desgracia
5. a) peinadas   b) afeitadas   c) grabadas
6. a) de   b) a   c) sin
7. a) de   b) a   c) por
8. a) asociar   b) culpar   c) enterrar

Soluciones: 1 – b, 2 – a, 3 – c, 4 – a, 5 – c, 6 – b, 7 – b, 8 - a

1. La gente en su oficina está descontenta con el actual jefe del departamento, un chico joven y sin experiencia que ha obtenido el puesto solo por ser el sobrino del director. La productividad y la motivación han bajado desde que él está en el cargo. Usted debe escribir un correo electrónico al director de su empresa para tratar de solucionar la situación. (Entre 100 - 150 palabras) usted debe:

- saludar y presentarse;
- exponer la situación;
- hablar de las consecuencias que puede tener para la empresa;
- proponer posibles soluciones.

....
....
....
....
....

2. ¿Qué haría si ganara la lotería?

- Utilice la estructura: *Si + imperfecto de subjuntivo + condicional simple*.

....
....
....

Ejemplos de soluciones:
1- Señor director,
Soy Jorge Ballesta, del departamento de publicidad. Le escribo para informarle sobre el penoso ambiente de trabajo en el que se ve sumergido nuestro departamento. Muchos trabajadores atribuyen esta situación a la reciente incorporación de su sobrino, Saúl Pérez, a nuestro grupo. No pensamos que sea un buen jefe, pues carece de experiencia, dotes de liderazgo y desconoce los procedimientos de trabajo. Desde que Saúl está en el cargo, nuestra productividad se ha reducido en un 35%. De no tomar medidas inmediatamente, me temo que no conseguiremos cumplir los objetivos que nos habíamos marcado para el presente año. No consideramos que Saúl sea la persona indicada para el puesto, Marcos lleva 15 años trabajando en la empresa, Ana lleva 12 años y Miriam 10, cualquiera de ellos estaría perfectamente capacitado para un puesto de tal responsabilidad.
Sin más me despido, un cordial saludo.
Jorge Ballesta.

2- Si yo ganara la lotería lo primero que haría sería comprar un coche nuevo porque el que utilizo actualmente es un poco viejo. Después, viajaría por todo el mundo durante un año y, al volver a mi ciudad, abriría un negocio. En resumidas cuentas, si yo ganara varios millones primero disfrutaría un poco y después trataría de invertir bien el dinero.

Complete el texto con las palabras que faltan:

Garry Kasparov explica cómo funcionan las fake news

Durante mucho tiempo, Garry Kasparov fue lo más parecido a una "rockstar" que haya tenido …….1……. el mundo del ajedrez. El jugador azerbaiyano, …….2……. el ogro de Bakú (su ciudad natal) por su juego agresivo y valiente, fue el campeón del mundo más joven de la historia y dominó los …….3……. durante 15 años consecutivos entre 1985 y 2000. Alrededor de Kasparov, como alrededor de cualquier genio en una disciplina, se han construido multitud de leyendas: desde el pequeño terremoto que dicen se registró el día de su nacimiento en Azerbaiyán, a su desconcertante …….4……. (cuentan que aprendió a mover las piezas él solo a los seis años observando jugar a sus padres), pasando por los durísimos duelos con su gran rival, el ruso Anatoli Karpov.

Desde muy joven Kasparov fue consciente de que podía utilizar sus habilidades deportivas …….5……. construir un personaje popular y supo cautivar a los medios. En una época tan complicada como la Guerra Fría, el campeón de ajedrez -por entonces soviético- concedió una entrevista a la revista americana Playboy. Era el año 1989 y Kasparov no tuvo problema en hablar de política internacional para criticar a la URSS y terminó reconociendo que el ajedrez, para él, era un instrumento que le permitía luchar por la igualdad y los derechos humanos. Sus declaraciones, claro, no …….6……. demasiado bien a los mandatarios del país. Pero lo cierto es que si hay algo que ha distinguido a Kasparov, …….7……. de su inteligencia (tiene un coeficiente intelectual de 190, de los más altos jamás medidos), es su rebeldía. En su día se enfrentó a la FIDE (Federación Internacional de Ajedrez) por considerarla corrupta, dio la cara ante las autoridades soviéticas, y no ha permanecido callado frente a los desmanes autoritarios del actual presidente ruso. Incluso llegó a montar un partido político para enfrentarse a Vladimir Putin, aunque finalmente no concurrió a las …….8……..

(Adaptado de http://elpais.com)

1. a) jamás   b) había   c) aunque
2. a) apodado   b) delegado   c) exprimido
3. a) tapones   b) tableros   c) complementos
4. a) precocidad   b) retraso   c) discapacidad
5. a) cuyo   b) por   c) para
6. a) sintieron   b) sentaron   c) surgieron
7. a) incluido   b) aunque   c) además
8. a) elecciones   b) selecciones   c) relaciones

Soluciones: 1 – a, 2 – a, 3 – b, 4 – a, 5 – c, 6 – b, 7 – c, 8 - a

1. Describa la imagen. (30 - 40 segundos)
· Explique lo que puede ver.
· Imagine lo que puede estar pasando en la imagen.

2. Hable sobre los problemas que afrontan los inmigrantes al empezar una nueva vida en un país con una cultura diferente a la suya. (30 - 40 segundos) Puede leer el testimonio de Bertín Youmssi, un inmigrante que llegó a España procedente de Camerún.

"Cuando salí del autobús no sabía qué hacer. Me quedé el último para ver qué dirección tomaban los demás. Estaba aturdido. Todo lo que me rodeaba era nuevo. Me sentía perdido y tremendamente solo".

Ejemplos de soluciones:
1- En la imagen se puede ver una calle, puede ser de cualquier ciudad europea. Parece que es de noche, pues las farolas están encendidas y no hay ningún negocio abierto. Varias personas están caminando por ambas aceras, un coche blanco circula por la calle con las luces encendidas. La gente lleva chaquetas, por lo que podría ser invierno. Pienso que es sábado y estas personas están volviendo a sus casas después de una fiesta en el centro de la ciudad. Puede que el conductor del coche esté recogiendo a algún amigo o familiar. Al parecer, en esta zona de la ciudad había un problema con los coches que aparcaban de un modo incorrecto y, por lo tanto, el ayuntamiento decidió instalar unos pivotes para evitar que los vehículos subieran a las aceras.

2- Cambiar de país puede ser una situación muy traumática por varias razones. En primer lugar, el hecho de dejar atrás a familiares y amigos puede derrumbar moralmente a cualquier persona, hoy en día la tecnología nos ayuda a estar en contacto con aquellos que están lejos, esto puede ayudar a reducir ligeramente el sentimiento de soledad de los inmigrantes. Por otra parte, hay que tener en cuenta las dificultades económicas que sufre una persona al cambiar de país, los inmigrantes deben viajar con algo de dinero ahorrado, pues durante el periodo de búsqueda de trabajo no obtendrán ingresos. Por último, está el problema de la adaptación a la nueva cultura, en muchos casos los inmigrantes no llegan a involucrarse por completo en la sociedad y terminan por crear grupos sociales con gente de su misma procedencia.

Redes sociales

1. Una los siguientes términos con sus definiciones:

1. Evento
2. Avatar
3. Conversiones
4. BOT
5. Estado
6. Muro
7. Monitorización
8. Usuario
9. Perfil

a. Número de visitas a un sitio web que consiguen el objetivo, por ejemplo, compras.

b. Perfil falso en Twitter. No existe ninguna persona física detrás de esa cuenta y su uso suele ser el del envío masivo de publicidad.

c. Utilizar mecanismos que nos permiten saber cuándo, dónde y cómo se lleva a cabo alguna acción referida a nuestro sitio web.

d. Acontecimiento creado como una publicación o mensaje que se anuncia a otros usuarios de la red social para que participen del mismo.

e. Persona o entidad que utiliza y forma parte de una red social.

f. Datos personales y rasgos propios que caracterizan a un usuario en una red social, nombre, fotografía, lugar de residencia, preferencias, etc.

g. Información de la situación, circunstancia o disposición del usuario de una red social.

h. Imagen que representa a un usuario o marca online.

i. Espacio del usuario de una red social que comparte con el resto de sus contactos, donde estos pueden publicar sus comentarios u opiniones.

2. Escriba un texto utilizando algunos de los términos anteriores, puede tratar estos temas:
· los problemas de las redes sociales en los menores;
· la rentabilidad en las redes sociales;
· las redes sociales del futuro;
· la privacidad y el hecho de tener una vida pública en internet.

....
....
....
....
....

Soluciones: 1 – d, 2 – h, 3 – a, 4 – b, 5 – g, 6 – i, 7 – c, 8 – e, 9 – f.

Ejemplo de solución: Las redes sociales han cambiado el mundo, de eso no hay duda. Se han convertido en herramientas muy potentes para alcanzar diferentes objetivos, por ejemplo, comunicarnos con personas que están a miles de kilómetros o difundir nuestras ideas a un número ilimitado de personas. Sin embargo, debemos tener cuidado con el uso que hacemos de las redes sociales ya que, al igual que un cuchillo, pueden ser usadas para hacer bien o mal. En el caso de los menores, debe haber un control paternal y una educación adecuada en el uso de internet. Cada vez encontraremos más empresas y ofertas en las redes sociales, deberemos estar muy atentos para poder detectar timos y engaños. Sin duda alguna, la tecnología avanzará, pero deberemos tener en cuenta que las redes sociales no son más que herramientas para facilitar nuestra vida real.

Complete con las palabras que faltan:

Perú enfrenta una plaga de caracoles gigantes africanos

Se alimenta de (1)............. 500 tipos de vegetales y de desperdicios. Tocarlos con las manos descubiertas puede transmitir infecciones estomacales.

La abundante presencia de caracoles gigantes africanos en el norte de Perú tras las fuertes lluvias encendió las alarmas de las autoridades, que sugirieron a la población manipularlos con cuidado (2)............. enfermedades, ya que esta especie es considerada entre las más dañinas del mundo.

Según el Servicio Nacional de Sanidad Agraria (Senasa), los efectos climáticos han incrementado en las últimas semanas la presencia del molusco. (3)............. el animal se alimenta de vegetales, también consume desperdicios que dejan los humanos, por lo que

¡No tocar!

El **Caracol Gigante Africano** es **transmisor** de enfermedades a los **humanos**

pueden transmitir enfermedades. "Es un problema grande. Es una plaga invasora, una plaga muy importante que se encuentra en cualquier lugar, comiendo desechos", dijo Moisés Pacheco, director de Sanidad Vegetal del Senasa, en un video (4)............. por el Ministerio de Agricultura. Los caracoles, dice el ministerio, son (5)............. una plaga sigilosa que amenaza los cultivos y pone en riesgo la salud de la población. Tocarlos con las manos descubiertas puede transmitir alguna infección estomacal en el humano. Esta especie no es comestible. El caracol gigante africano ha encontrado un espacio de supervivencia en la selva central de Perú. Es de (6)............. tamaño que el local y puede llegar a medir unos 20 centímetros. Es considerado por la Unión Internacional para la Conservación de la Naturaleza (7)............. de las 100 especies exóticas invasoras más dañinas en el mundo. Senasa realiza campañas de capacitación y erradicación de la plaga, con ayuda de los agricultores. Con el uso de guantes, los campesinos los recolectan desde la tierra y plantas y los sumergen en depósitos de agua con sal (8)............. eliminación. Luego utilizan los restos como abono natural.

(Adaptado de http://emol.com)

1. a) a menos que   b) al menos   c) en menos
2. a) para evitar   b) por colapsar   c) en superar
3. a) por bien   b) en bien   c) si bien
4. a) difundido   b) difuso   c) dificultado
5. a) sin parecer   b) parecidos   c) parte de
6. a) mayor   b) mejor   c) muy
7. a) cuando una   b) como una   c) para una
8. a) para su   b) con su   c) sin

Soluciones: 1 – b, 2 – a, 3 – c, 4 – a, 5 – c, 6 – a, 7 – b, 8 - a

93

Escuche la canción y complete los huecos.

A Dios le pido, Juanes

Que mis ojos se (1)................... con la luz de tu mirada yo...
A Dios le pido
Que mi madre no se muera y que mi padre me (2)...................
A Dios le pido
Que te quedes a mi (3)................... y que más nunca te me vayas mi vida...
A Dios le pido
Que mi alma no (4)................... cuando de amarte se trate mi cielo...
A Dios le pido

Por los días que me quedan y las (5)................... que aún no llegan yo...
A Dios le pido
Por los hijos de mis hijos y los hijos de tus hijos...
A Dios le pido

Que mi pueblo no derrame tanta sangre y se (6)................... mi gente...
A Dios le pido
Que mi alma no descanse (7)................... de amarte se trate mi cielo...
A Dios le pido

Un segundo más de vida para darte
y mi corazón entero (8)...................
un segundo más de vida para darte
y a tu lado para siempre yo (9)...................
un segundo más de vida yo...
A Dios le pido

Que si me muero (10)................... de amor
y si me enamoro sea de voz
y que de tu voz (11)................... este corazón,
todos los días a Dios le pido (x2)

Soluciones: 1 despierten, 2 recuerde, 3 lado, 4 descanse, 5 noches, 6 levante, 7 cuando, 8 entregarte, 9 quedarme, 10 sea, 11 sea.

1. Tras unos acontecimientos desafortunados, el director de su escuela ha decidido prohibir el uso de teléfonos móviles en el centro escolar. A pesar de que el incidente tuvo lugar entre los alumnos del primer curso, la prohibición va a afectar a todos los estudiantes del centro. Escriba un email al director para tratar de hacerle recapacitar sobre el tema. (Entre 100 - 150 palabras) usted debe:

- saludar y presentarse;
- referirse al incidente ocurrido;
- dar su opinión sobre la prohibición;
- proponer posibles soluciones.

....
....
....
....
....

2. Usted habló ayer con su amiga, ella le contó qué tal fueron sus vacaciones. Reproduzca la conversación que tendría con otra persona para contarle las vacaciones de su amiga.

- Utilice la estructura: *Ella me dijo que…. / Ella me contó que….*

....
....
....

Ejemplos de respuestas:
1. Estimado señor director,
Mi nombre es Marcos Calvo, soy estudiante de la última clase del módulo de ciencias. Me pongo en contacto con usted para hacerle saber que hay una gran sensación de malestar general por la noticia de que se va a prohibir el uso de teléfonos móviles en el recinto de la escuela. Todos hemos oído hablar del incidente que tuvo lugar el pasado martes entre dos niños del primer curso, por supuesto, entendemos que lo que sucedió está muy mal y que es una vergüenza que esto se permitiera por parte de los que estaban allí presentes. Sin embargo, nos sentimos afectados por algo en lo que no tuvimos nada que ver, la prohibición de los teléfonos traerá innumerables complicaciones para los alumnos, la tecnología es una herramienta que utilizamos en nuestro día a día, incluso para trabajar en clase. Le ruego que reconsidere su decisión y que, al menos, permita a los alumnos de los cursos superiores utilizar el teléfono en el recinto escolar. Un cordial saludo,
Marcos Calvo.

2. Ayer vi a Marta, no te vas a creer lo que me contó. Me dijo que había visto una oferta en internet de "Last minute" y que no tuvo otro remedio que irse de viaje con su marido a Cuba. Me contó que el viaje les salió por menos de 300 euros. Yo le pregunté que por qué no había ido con sus hijos también, pero me respondió que no quería que les molestaran, dejó a sus hijos con los abuelos y se fue a Cuba. ¿Te lo puedes creer?

Expresión oral, puedes utilizar la grabadora de voz de tu ordenador o tu teléfono para poder escucharte después y corregir tus errores.

1. Ausencia en el trabajo: (60 - 90 segundos)
Usted tenía que haber ido a la oficina por la mañana, sin embargo, no ha podido acudir ni avisar a su jefe, ambos tenían una reunión con unos importantes clientes. Usted debe:

· disculparse ante su jefe;

· indicar por qué no ha podido ir a la oficina;

· proponer una compensación para los clientes o alternativas;

· despedirse.

2. Viaje sorpresa: (60 – 90 segundos)
Usted quiere regalar un viaje sorpresa a su pareja por una ocasión especial, pide consejo a su amigo que trabaja en una agencia de viajes. Usted debe:

· indicar por qué desea regalar un viaje a su pareja;

· explicar las cosas que le gustan;

· hablar sobre lo que debe y no debe incluir el paquete turístico.

Ejemplos de soluciones:
1. Señor Martínez, soy Jorge. Lamento muchísimo no haber acudido hoy a la oficina. Por desgracia mi hijo menor se ha despertado con una grave inflamación de amígdalas, rápidamente le he llevado al hospital pues apenas podía hablar y tenía dificultades para respirar. Con las prisas he olvidado coger mi teléfono móvil y por ello no he respondido a sus llamadas. Sin embargo, desde el ascensor le he gritado a mi mujer que llamara a la oficina para avisar de mi ausencia y ella me ha confirmado que lo haría. He pasado la mañana entera en el quirófano del hospital junto a mi hijo. Sobre las tres de la tarde mi mujer nos ha visitado y me ha dicho que había olvidado llamar a la oficina. Siento muchísimo los problemas que puede haber generado mi ausencia y estoy dispuesto a compensarlos. He pensado que la próxima semana puedo ir personalmente a visitar a nuestros clientes, disculparme y ofrecerles una promoción especial, renunciando a mi comisión para el próximo mes. Espero que con esto pueda enmendar mi ausencia. Un cordial saludo y hasta mañana.

2. Buenos días, Armando. Como bien sabes, María y yo celebramos nuestras bodas de plata el próximo veinticinco de junio. Llevo mucho tiempo pensando en su regalo y creo que, por fin, lo tengo claro, voy a regalarle un viaje. Es una idea genial, ¿no crees? Necesito tu ayuda, a María le gusta mucho la naturaleza, había pensado que podríamos ir a algún país tropical con selvas y playas hermosas. Normalmente, nos gusta ir a la aventura, pero creo que esta vez debería estar todo organizado y así no tener que preocuparnos por nada, creo que estaría bien tener un hotel junto al mar en alguna isla. Si puedes encontrar alguna conexión directa desde Madrid o Barcelona mucho mejor, no nos gusta tener que esperar en los aeropuertos sin nada que hacer, recuerdo que una vez tuvimos una escala de ocho horas en Frankfurt y fue horrible. Estaría bien si el viaje incluyera alguna excursión a lugares cercanos al hotel, sé que a María no le gustaría tener que pasar varias horas en un autobús. Confío en tus consejos, contéstame cuando puedas, un saludo, amigo.

Complete con los fragmentos que faltan. (De los seis fragmentos solo debe usar cinco)

Un coche eléctrico capaz de reservar una cita con el taller si necesita que le echen un vistazo o de encender la calefacción de nuestra segunda residencia cuando vamos de viaje. ………………1………………

Sin embargo, las posibilidades que abren la conectividad y la electrificación de los motores son prácticamente infinitas. ………………2……………… El año pasado las ventas de coches eléctricos crecieron el 52% en España. La conectividad, por su parte, está cada vez más presente en los vehículos y muchos conductores ya no conciben sus desplazamientos sin que su móvil esté integrado en el vehículo.

Ni atascos, ni baterías agotadas, ni despistes a la hora de elegir la salida adecuada de la autovía. Los coches del futuro no encontrarán apenas obstáculos en su camino, a medida que la electrificación y la conectividad vayan avanzando.

………………3……………… No falta mucho para que estos vehículos permitan a sus conductores desplazarse 600 km sin necesidad de acercarse a un enchufe. Y no solo eso: la velocidad de recarga de sus baterías será cada vez mayor.

………………4……………… Un vehículo capaz de estar conectado con su entorno de manera permanente evolucionará con total seguridad hacia la capacidad de conducirse solo.

Algunos ejemplos que ya se dan en la actualidad son el sistema de conducción semiautónoma en atascos o el dispositivo con detección de peatones, destinado a evitar atropellos.

Si nuestro coche sabe cuáles son las normas que rigen en cada tramo de la carretera, mide la presencia de vehículos, obstáculos y peatones en la calzada, o conoce el estado de la ruta en todo momento y actúa en consecuencia, el siguiente paso que adoptará será la conducción autónoma. ………………5………………

Aunque todos estos avances parezcan parte del argumento de una película futurista, la realidad es que ya están implantados en muchos vehículos. Los expertos esperan que en 2025 la conducción autónoma ya sea una realidad.

(Adaptado de http://abc.es)

a. Ese será el momento en que el conductor se convertirá en pasajero.

b. La autonomía de los coches eléctricos es uno de los aspectos sobre los que más se trabaja en la actualidad.

c. Su tirón entre los conductores refuerza este argumento.

d. Tras dicha prueba se decidió cerrar el laboratorio en Tempe (Arizona) y trasladar la investigación del coche sin conductor a San Francisco.

e. Suena a ciencia ficción, pero no lo es: algunas de estas cosas ya las pueden hacer los vehículos actuales.

f. En cuanto a la conectividad, se trata del primer paso hacia la conducción sin conductor.

Soluciones: 1 – e, 2 – c, 3 – b, 4 – f, 5 – a

1. Usted es el presidente de una comunidad de vecinos. El ascensor no funciona desde hace varios años, ahora debe ser reparado pues uno de los propietarios ha sufrido un accidente y debe ir en silla de ruedas. El vecino del primer piso no quiere pagar por la reparación, sin embargo, los demás vecinos piensan que sí debería pagar. Lea la carta que escribió el vecino del primer piso y conteste.

(Entre 150 y 200 palabras) Usted debe:

- saludar;
- explicar los motivos por los que se va a reparar el ascensor;
- dar razones por las que todos deberían pagar por igual;
- explicar las consecuencias que podría tener el no llegar a un acuerdo;
- despedirse.

Querido señor presidente,

Soy Marcos, vecino del primero derecha. Últimamente he oído rumores, algunos vecinos dicen que se está pensando en reparar el ascensor y como bien sabe yo me niego a pagar por este gasto innecesario. Lo siento mucho por el vecino del cuarto piso, no es mi culpa que él sufriera un accidente y espero que se recupere pronto. Como ya le he mencionado antes, yo no hago uso del ascensor y no pienso pagar por él.

Espero no tener que volver a dar explicaciones sobre este tema, un cordial saludo,

Marcos Aranda.

....

....

....

....

....

....

Ejemplo de respuesta:
Estimado Marcos,
Como se mencionó en la última reunión de vecinos, la normativa municipal nos obliga a mantener el edificio en estado óptimo, esto incluye tanto calefacción como ventilación y ascensor. Debido a que la avería tuvo lugar durante la crisis económica decidimos posponer la reparación, ahora parece que ha llegado el momento de llevarla a cabo. No es culpa de ninguno de nosotros que Jaime, vecino del cuarto piso, se cayera por las escaleras, pero en estos momentos debemos ser solidarios y pensar en una persona que nos necesita. Recuerdo que cuando usted se mudó a este edificio hace 15 años hizo uso del ascensor para subir los muebles hasta su casa, quién sabe si algún día volverá a necesitarlo.
Como ya he mencionado, estamos obligados por ley a reparar el ascensor, de no hacerlo Jaime podría presentar una denuncia y, además del coste de la reparación, deberíamos pagar una indemnización.
Según la ley los gastos de la comunidad se reparten a partes iguales entre todos los propietarios, si usted continúa con su negación nos veremos obligados a presentar una denuncia en los juzgados.
Un cordial saludo,
Ramiro Martínez Castillo, presidente de la comunidad.

Escuche la canción y complete los huecos.

Y nos dieron las diez y las once, Joaquín Sabina

(1)................. en un pueblo con mar, una noche después de un concierto.
Tú reinabas detrás de la barra del único bar que (2)................. abierto.
- "Cántame una canción al oído y te pongo un cubata".
- "Con una condición: que me dejes abierto el balcón de tus ojos de gata".
Loco por conocer los secretos de tu dormitorio,
esa noche (3)................. al piano del amanecer todo mi repertorio.
Los clientes del bar uno a uno se (4)................. marchando,
tú (5)................. a cerrar, yo me dije:
- "Cuidado, chaval, te estás enamorando"
Luego todo (6)................. de repente, tu dedo en mi espalda (7)................. un corazón
y mi mano le correspondió debajo de tu falda.
Caminito al hostal nos (8)................. en cada farola.
Era un pueblo con mar, yo quería dormir contigo y tú no querías dormir sola.

Y nos dieron las diez y las once, las doce y la una y las dos y las tres.
Y desnudos al amanecer nos (9)................. la luna.

Nos dijimos adiós, ojalá que volvamos a vernos.
El verano (10)................., el otoño duró lo que tarda en llegar el invierno.
Y a tu pueblo el azar, otra vez el verano siguiente,
me (11)................. y al final del concierto me puse a buscar tu cara entre la gente.
Y no hallé quien de ti me dijera ni media palabra.
Parecía como si me (12)................. gastar el destino una broma macabra.
No había nadie detrás de la barra del otro verano.
Y en lugar de tu bar me (13)................. una sucursal del banco hispano americano.
Tu memoria vengué a pedradas contra los cristales.
Sé que no lo (14)................., protestaba mientras me esposaban los municipales.
En mi declaración alegué que llevaba tres copas.
Y (15)................. esta canción en el cuarto donde aquella vez te quitaba la ropa.

Soluciones: 1 Fue, 2 vimos, 3 canté, 4 fueron, 5 saliste, 6 pasó, 7 dibujó, 8 besamos,
9 encontró, 10 acabó, 11 llevó, 12 quisiera, 13 encontré, 14 soñé, 15 empecé.

1. Describa la imagen. (30 - 40 segundos)

· Hable de las personas que hay en la imagen y de la posible relación entre ellas, trate aspectos como su edad, la ropa que llevan o su carácter.
· Hable del lugar, los objetos que puede ver, su localización y lo que piensa sobre ellos.
· Imagine lo que puede estar pasando en la imagen.

2. ¿Qué opina de la actual jornada laboral en su país? ¿Cree que los trabajadores están satisfechos con ella? ¿Considera que se podría modificar para satisfacer tanto a empleados como a empleadores? (30 - 40 segundos)

Ejemplos de soluciones:
1. En la ilustración puedo ver un grupo de cuatro personas, se encuentran en el interior de una sala, probablemente se trate de una oficina. El hombre de la derecha es de raza negra, tiene el pelo corto y lleva un traje, parece un poco mayor que el resto, yo diría que tiene unos cuarenta años y que es el jefe de la empresa, parece un hombre tranquilo y, por su actitud, me da la impresión de que está controlando a sus empleados. Las otras tres personas son más jóvenes, quizás sean los empleados, están ojeando unas revistas y se les ve bastante más relajados que al jefe. En las paredes de la sala no hay ventanas, sin embargo, podemos ver un reloj y dos carteles, uno de ellos tiene el logo de Facebook y un número, quizás sea el número de seguidores que tiene la empresa en dicha red social. Por la vestimenta de las personas, me atrevería a decir que no viven en un país cálido, pues ninguno de ellos lleva manga corta, otra posibilidad es que dentro de la oficina tengan el aire acondicionado encendido.

2. La jornada laboral en mi país es de cuarenta horas semanales, teniendo en cuenta que tenemos una tasa de paro altísima, creo que se podría reducir a treinta y cinco horas, esto supondría una hora menos de trabajo al día, las empresas contratarían a más trabajadores y la tasa de paro se reduciría. Sin duda, esta sería una medida que dejaría a los empleados muy satisfechos, pero creo que también sería positivo para las empresas, la gente tendría más tiempo libre y consumiría más. Otro factor a tener en cuenta es la robotización, algunos estudios indican que, en una década, un diez por ciento de los puestos de trabajos actuales estarán ocupados por robots, creo que la única opción para que las personas sigan teniendo trabajo es reducir las jornadas de trabajo.

Complete con las palabras que faltan:

Dar pasaportes de inmunidad a los recuperados de Covid-19 es peligroso

En 1970 se (1)............. en marcha los primeros estudios que sentaban las bases de la inmunoterapia, un tratamiento innovador contra el cáncer basado en hacer que el sistema inmune ataque a las células tumorales. Pero no fue (2)............. 1992 cuando el investigador japonés Tasuku Honjo y su equipo descubrieron un mecanismo para potenciar las defensas naturales de los pacientes con ese objetivo. Estos (3)............. le valieron a Honjo el Premio Nobel de Medicina 2018.

Pero hoy Honjo, considerado uno de los "padres" del tratamiento inmunoterápico, está (4)............. por la pandemia del Covid-19. En un programa de televisión dijo que Japón necesita aumentar las pruebas para detectar contagios de coronavirus a más de 10.000 por día. Como parte de sus propuestas de emergencia, instó a los residentes de Tokio, Osaka y Nagoya a que impongan "la total autocontención de las salidas" durante un mes.

Y es que, a juicio del profesor del Departamento de Inmunología y Medicina Genómica, en la Facultad de Medicina de la Universidad de Kioto, "esta es una lucha contra un ninja invisible". "El campo de batalla está en casa y en el exterior, y es necesario saber dónde y en (5)............. medida el enemigo existe a nuestro alrededor", relata, en momentos en que Japón registra 12.829 casos y 345 muertes por el Covid-19.

"Esta es una emergencia extraordinaria y un gran desafío para Japón. Se han perdido muchas vidas y la economía mundial ha (6)............. un tremendo golpe. La clave es cómo podemos minimizar el impacto. Es como si estuviéramos atrapados en el barro, por lo que debemos pensar mucho sobre cómo podemos escapar de él. Queremos (7)............. un aumento de pacientes y el colapso resultante del sistema de atención médica. Las personas entran en pánico porque podrían morir. Necesitamos un tratamiento para reducir las bajas, por lo tanto, debemos aprovechar los datos de la investigación, (8)............. los reportados desde China, y utilizar activamente los medicamentos que se recomiendan para el virus. El gobierno debería tomar medidas extralegales para que el seguro cubra dichos tratamientos".

(Adaptado de http://latercera.com)

1. a) tuvieron   b) pudieron   c) pusieron
2. a) hasta   b) de   c) antes
3. a) halagos   b) hallazgos   c) raros
4. a) preocupado   b) agachado   c) enamorado
5. a) dónde   b) qué   c) cómo
6. a) sufrido   b) vomitado   c) quedado
7. a) educar   b) conmemorar   c) evitar
8. a) incluidos   b) dolidos   c) distraídos

Soluciones: 1 – c, 2 – a, 3 – b, 4 – a, 5 – b, 6 – a, 7 – c, 8 - a

101

Une las siguientes preguntas del entrevistador a las respuestas de Alex Pina, director de "La casa de Papel". De las siete respuestas solo debes usar seis.

1. ¿Cómo explica este éxito fuera de España?
2. ¿Cómo fue el proceso de realización?
3. ¿Siempre tenía claro cuál iba a ser el final del robo?
4. ¿Algún proyecto para el futuro?
5. En la serie hay algo revolucionario, ¿por qué la narradora de la historia es una chica?
6. ¿Por qué eligió la máscara de Dalí para la banda de ladrones?

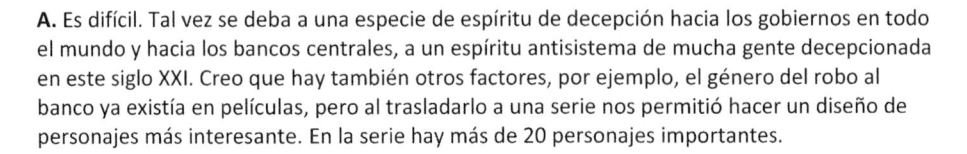

A. Es difícil. Tal vez se deba a una especie de espíritu de decepción hacia los gobiernos en todo el mundo y hacia los bancos centrales, a un espíritu antisistema de mucha gente decepcionada en este siglo XXI. Creo que hay también otros factores, por ejemplo, el género del robo al banco ya existía en películas, pero al trasladarlo a una serie nos permitió hacer un diseño de personajes más interesante. En la serie hay más de 20 personajes importantes.

B. Sabíamos que teníamos entre manos una serie con un fuerte estilo masculino, el género de atracos y de bandidos es así. Y queríamos darle una mirada emocional. Teníamos un primer guion con la voz en 'off' del "Profesor", pero nos dimos cuenta de que tenía mucho más sentido la historia contada por "Tokio", por muchas razones, y finalmente fue ella.

C. Sí, siempre supimos a dónde llegar y cómo hacerlo. Cambiamos la extensión de la serie, el número de capítulos, pero siempre yendo en la misma dirección para concluir la historia de este modo, coherente con el género de las películas de atracos a bancos, no podría terminar de otro modo.

D. Estuvimos pensando mucho tiempo y necesitábamos una imagen característica. Queríamos tener una imagen muy referencial. Este artista es un ícono para la sociedad, un genio. Nunca te olvidas de sus bigotes. Nos dimos cuenta de que era la imagen perfecta para esos ladrones.

E. Siempre me han gustado las películas de atracos. Después de terminar la serie 'Vis a vis', empecé a trabajar en mi propia productora. Quería crear una historia de ladrones, pero era muy complicado porque nos metíamos en un terreno nuevo. Trabajamos en la escritura siete u ocho guionistas para así rodar en el menor tiempo posible. Fue un trabajo muy duro en muy poco tiempo, pero estoy contento con el resultado.

F. Hablando de la doble moralidad de la serie, Berlín (uno de los personajes de 'La casa de papel') está en un lado, el Profesor en el otro, pero luego cambian. ¿Dónde están los personajes? Entre el bien y el mal. Van de la oscuridad a la luz, y viceversa. Amamos escribir los monólogos tremendos de Berlín, que Pedro Alonso defendió con tanto arte interpretativo.

G. Sky Rojo, estamos trabajando en esta serie, Netflix ya la ha comprado, es una nueva idea, un nuevo estilo, las protagonistas serán solo mujeres y vamos a grabar en muchos países e idiomas diferentes. La nueva serie tendrá un aire al estilo de Tarantino. Pero, antes de esto, podréis ver la tercera temporada de "La casa de papel".

Soluciones: 1 – a, 2 – e, 3 – c, 4 – g, 5 – b, 6 - d

Complete con los fragmentos que faltan. (De los seis fragmentos solo debe usar cinco)

Desde 1917, ………………1………………., o Comisión del Alquiler. La llegada de refugiados a un país que optó por mantenerse neutral en la primera Guerra Mundial junto a un parón en la construcción de viviendas por la contienda, creó el escenario perfecto para la aparición de alquileres con precios abusivos.

Casas más caras y más pequeñas, en una Holanda que antes de la guerra ya tenía problemas para garantizar un techo digno a sus ciudadanos, ………………2………………., construidas y utilizadas en su mayoría por jornaleros de las turberas y sus familias. La escasez de alojamiento era tal que se llegaban a pagar comisiones de 100 florines por encontrar un alquiler, una cantidad que un trabajador medio apenas alcanzaba a juntar con 13 semanas de sueldo completo. Ajustadas al salario mínimo holandés vigente en 2019, 5.280 euros.

La *Huurcommissie* lleva más de cien años equilibrando la balanza entre la especulación y el derecho a la vivienda. Varias modificaciones, la última de peso en 2010 para centralizar las múltiples comisiones locales en una, ………………3………………. Cualquier persona que alquile una vivienda o habitación en el país tiene derecho a solicitar su intermediación para aclarar cuestiones como los gastos comunitarios, las reparaciones y el mantenimiento o la cuantía del alquiler, determinada en función a un sistema de puntos.

Mientras que en el caso de las habitaciones la Comisión siempre tiene potestad para incidir sobre lo acordado en el contrato, ………………4………………. Las que exceden una cierta puntuación están exentas del control de precios, las casas más grandes y con más prestaciones. En 2019, la barrera marcada por el Gobierno entre los dos sectores está en unos 142 puntos, que se corresponden con un precio de 720 euros mensuales.

Cuando se reclama su funcionamiento, la Comisión emite una recomendación con carácter vinculante tras estudiar la documentación y argumentos de las partes a través de una mesa de diálogo. La composición de la mesa —………………5………………— suele dar buenos resultados para la parte más débil. A pesar de que las recomendaciones de la Comisión pueden ser revocadas por un tribunal, en la práctica es poco común que los jueces las discutan.

(Adaptado de http://eldiario.es)

a. como demuestra las infraviviendas semienterradas en el barro que fueron conocidas como *plaggenhutten* hasta bien entrado el siglo XX

b. para las viviendas completas no siempre es así

c. dos representantes que protegen al arrendatario frente a uno que vela por los intereses del casero

d. de ahí que respondiera por sí mismo

e. han ido conformando el abanico de mecanismos y competencias actuales de la entidad

f. las instituciones de los Países Bajos mantienen en vigor la *Huurcommissie*

Soluciones: 1 – f, 2 – a, 3 – e, 4 – b, 5 – c

Escuche la canción y complete los huecos.

Haz de luz, Rayden

Quiero que (1)................. el atardecer cuando el sol empieza a caer
Y tras él las farolas se encienden, el cielo se prende, se tiñe de tonos pastel
Que (2)................. el mundo a tus pies y también de montera
Que (3)................. seguir las pisadas sabiendo el peaje que tiene querer dejar huella
Que nada te ciegue a menos que sea otra mirada
Que llegues, (4)................. los ojos, los abras y veas la luz de una vela apagada
Que me pongas cara, me digas si esta voz me pega
Que (5)................. pescar en el agua el reflejo de la Luna llena
Que cuentes todos los segundos que tarda en vaciarse un reloj de arena
Que (6)................. la bola del mundo y elijas destino al azar con las yemas
Que veas Madrid, París, Berlín, Pekín y también Las Vegas
Que (7)................. contemplar todo hasta donde tu vista llega
Que te hipnotice una llama de una hoguera en mitad de la playa
Y se (8)................. como las mareas mueven olas contra la Atalaya
Que se giren hacia mí tus ojos, tus ojos lentos
En ese punto entre el alma y el cuerpo, cerrándolos conmigo dentro
Quiero que nos (9)................. a ver

Déjame ver cómo me ven tus ojos, ven. Quiero decirte que si hablamos de mirar
Los ojos son de quién te los hace brillar. Quiero que nos volvamos a ver (x2)

Quiero que (10)................. a un cine y te sientes, ver en cada escena cómo te sorprenden
Efectos especiales y que dudes si son reales
Que te (11)................. mirando hacia el cielo buscando en las nubes formas de animales
Cometas y estrellas fugaces, fuegos artificiales
Que si nubla y diluvia de nuevo, que (12)................. pestañas del dedo
Con los dedos cuenten los segundos y cuanto separan el rayo del trueno
Que cuentes todas las estrellas y (13)................. tu firma por el firmamento
A fin de ponerle tu nombre este mundo, pues es del color con el que quieras verlo
Que sepas que toda luz lleva sujeta una silueta.
Que leas lo más bonito del mundo aunque se (14)................. con mala letra.
Que no son los ojos, es la mirada. Que no es la mirada, es cómo me miras.
Que no es como miras, es cómo te callas y dices aunque no lo (15).................

Que (16)................. todas las cosas, sobre todo las más importantes
Pero la cosa es que paradójicamente no se dejan ver las más grandes
O se ven con los ojos cerrados, por eso será que los cerramos
Cuando besamos, lloramos y soñamos. Quiero que nos volvamos a ver

---

Soluciones: 1 veas, 2 tengas, 3 sepas, 4 cierres, 5 quieras, 6 gires, 7 puedas, 8 mueva,
9 volvamos, 10 vayas, 11 tumbes, 12 soples, 13 pongas, 14 escriba, 15 digas, 16 veas

Complete el texto con las palabras que faltan:

Valdepiélagos, una ecoaldea a menos de 50 km de Madrid

1996. Un grupo de familias de Valdepiélagos firma un compromiso con el medioambiente y pone …….1……. marcha una cooperativa de viviendas bioclimáticas para reducir la huella ecológica en su municipio.

2019. El ecobarrio de Valdepiélagos cuenta con 30 casas, se …….2……. de energía limpia, contribuye a la lucha contra el cambio climático y fomenta el desarrollo local.

"Nos interesaba tener una vida más sostenible y decidimos poner en marcha lo que habíamos visto en otros países europeos como Suecia o Alemania", explica Víctor Torre Vaquero, cofundador de la ecoaldea de Valdepiélagos, situada …….3……. una hora de Madrid capital y a poco más de 40 km de Guadalajara. En estos años han consolidado una comunidad con una fuerte concienciación ecológica y medioambiental "apostando por la construcción bioclimática de casas y el uso de energías renovables como la …….4…….".

La ecoaldea de Valdepiélagos se …….5……. de forma oficial en 1996, pero no empezó a despegar hasta 2008. El primer paso fue la creación de una cooperativa de viviendas en la que intermediaron el alcalde, un urbanista y una familia del pueblo. "Gracias a ellos logramos unos terrenos de 30.000 m2 a un precio …….6…….", cuenta Torre. Sin embargo, el camino de las ayudas y la financiación no fue tan fácil: "La vivienda es un gran negocio con poco espacio para la ecología, y cuando acudimos a la banca no se fiaba de este tipo de proyectos, pese a que el perfil social de los socios de la cooperativa era muy bueno". Solo una entidad decidió …….7……., entonces, un crédito a este modelo de comunidad basado en la sostenibilidad. "No obstante, esto fue hace 20 años y, afortunadamente, hoy esto está cambiando".

Desde la primera piedra que se puso en la construcción de las nuevas 30 viviendas del pueblo, sus socios decidieron apostar por la implantación de las energías renovables. Todos los chalets de esta ecoaldea disponen de huerto propio, depósitos de agua que permiten recoger una cantidad suficiente como para …….8……. el huerto durante todo el verano y enormes placas solares en los tejados que permiten abastecer a la vivienda de electricidad y calefacción.

(Adaptado de http://elmundo.es)

1. a) de   b) en   c) a
2. a) abastece   b) atardece   c) desecha
3. a) de   b) en   c) a
4. a) fotovoltaica b) armónica   c) clandestina
5. a) descargó   b) acercó   c) constituyó
6. a) aspirante   b) razonable   c) currante
7. a) enterrar   b) conceder   c) expropiar
8. a) regar   b) hinchar   c) cavar

Soluciones: 1 – b, 2 – a, 3 – c, 4 – a, 5 – c, 6 – b, 7 – b, 8 - a

Expresión oral, responde a las siguientes preguntas.

1. ¿Qué harías si fueras el presidente de tu país?

2. ¿Habías estudiado para el examen del lunes pasado?

3. ¿Qué cosas habrás hecho antes de cumplir los cuarenta años?

4. ¿Qué te gustaría que hiciera tu hijo?

5. ¿Qué harías si tuvieras un millón de dólares?

6. Jorge tiene la chaqueta rota. ¿Qué habrá pasado?

7. ¿Habías hecho antes un examen de español como el de hoy?

8. ¿Jugarías al baloncesto si fueras más alto?

9. Si fueras famosa, ¿con qué ropa saldrías a la calle?

10. ¿Qué tipo de trabajadores buscaba tu empresa el año pasado?

11. ¿Crees que habrás terminado el trabajo antes de las once de la noche?

Ejemplos de soluciones

1. Si fuera el presidente de mi país, construiría muchas carreteras y renovaría los aeropuertos.
2. Sí, yo había estudiado mucho.
3. Antes de cumplir cuarenta años, yo ya me habré casado y habré tenido dos hijos.
4. Me gustaría que mi hijo estudiara por las tardes.
5. Si yo tuviera un millón de dólares, me compraría una casa con piscina.
6. No sé, habrá estado jugando en el bosque.
7. No, hasta hoy yo nunca había hecho un examen de español.
8. Sí, si yo fuera más alto jugaría al baloncesto en un equipo profesional.
9. Si yo fuera famosa, saldría a la calle todos los días con un vestido rojo.
10. Mi empresa buscaba trabajadores que pudieran hablar inglés perfectamente.
11. Sí, creo que antes de las once habré terminado.

Nivel C1

PRETÉRITO PLUSCUAMPERFECTO DE SUBJUNTIVO

Se utiliza para:

· Situaciones en el pretérito pluscuamperfecto que requieren subjuntivo.
Me extrañó mucho que <u>hubierais mandado</u> aquel correo electrónico.
Yo no pensé que <u>hubiera roto</u> el ordenador de Luis.

· Para formar las oraciones condicionales del tipo 3 (imposibles porque ya han pasado)
Si + pretérito pluscuamperfecto de subjuntivo + condicional simple/compuesto
Si <u>hubiera nacido</u> en Perú sería moreno.
Si <u>hubiera comprado</u> la casa habría pedido un crédito.

Formación

VERBO HABER EN PLUSCUAMPERFECTO + PARTICIPIO

HABER	Para formar el **PARTICIPIO** cambiamos:
Yo **hubiera/hubiese** Tú **hubieras/hubieses** Él / ella **hubiera/hubiese** Nosotros **hubiéramos/hubiésemos** Vosotros **hubierais/hubieseis** Ellos / ellas **hubieran/hubiesen**	· La terminación de los verbos (-ar) por (-**ado**) trabajar = **trabajado** hablar = **hablado** · La terminación de los verbos (-er), (-ir) por (-**ido**) nacer = **nacido** vivir = **vivido**

Si no <u>hubiera ido</u> a la fiesta no habría conocido a Cristina.
Nos sorprendió que <u>hubiera aparecido</u> sin avisar.
¿Qué habríamos hecho si no te <u>hubiéramos conocido</u>?

VERBOS IRREGULARES

Recordamos algunos verbos que tienen el participio irregular:

Hacer = hecho   Escribir = escrito   Decir = dicho
Abrir = abierto   Volver = vuelto   Morir = muerto
Poner = puesto   Romper = roto   Ver = visto
Resolver = resuelto   Cubrir = Cubierto   Prever = previsto

Si me lo <u>hubieran dicho</u> antes no habría venido.
No pensé que te <u>hubiera escrito</u>.
Si Colón <u>hubiera vuelto</u> a España no habría descubierto América.

PRETÉRITO PERFECTO DE SUBJUNTIVO

Se utiliza para:

· **Acción finalizada que sigue vinculada al presente, una situación en Pretérito Perfecto que requiere subjuntivo.**
Es posible que los jefes hayan cometido un error esta mañana.
Me alegra que mi hijo se haya casado en el pueblo.

· **Acción que finalizará en el futuro.**
Cuando haya terminado te llamaré.
Cuando haya aterrizado tu avión enciende el teléfono y llámame.

Formación

VERBO HABER EN PRESENTE DE SUBJUNTIVO + PARTICIPIO

HABER	Para formar el **PARTICIPIO** cambiamos:
Yo **haya** Tú **hayas** Él / ella / usted **haya** Nosotros **hayamos** Vosotros **hayáis** Ellos / ellas / ustedes **hayan**	· La terminación de los verbos (-ar) por (**-ado**) terminar = **terminado** hablar = **hablado** · La terminación de los verbos (-er), (-ir) por (**-ido**) correr = **corrido** vivir = **vivido**

Espero que el Real Madrid haya ganado el partido.
No podrás jugar al ordenador hasta que no hayas terminado de comer.
Ojalá hayan llegado bien.

VERBOS IRREGULARES

Recordamos algunos verbos que tienen el participio irregular:

Hacer = hecho   Escribir = escrito   Decir = dicho
Abrir = abierto   Volver = vuelto   Morir = muerto
Poner = puesto   Romper = roto   Ver = visto
Resolver = resuelto   Cubrir = Cubierto   Prever = previsto

Avísame cuando hayas puesto la mesa.
Es posible que ya hayan visto esta película.
Espero que haya dicho la verdad.

COSAS CLAVES QUE SUELEN APARECER EN EXÁMENES DE NIVEL C1

- Diferentes géneros y significados (el cura, la cura, el fruto, la fruta, el orden, la orden)
- Cuyo, cuya, cuyos, cuyas (la chica cuyos padres viven en el centro…)
- Lo antes que puedas, lo más pronto posible, cuanto antes.
- Exclamaciones con "que" (¡qué tiempos aquellos!)
- Habla consigo mismo, habla para sí, lo hizo por sí mismo, lo pensó para sí misma…
- El que, lo que, la que, las que, los que (es más de lo que esperaba…)
- Ahora, ahora bien…
- Di cuanto quieras, come cuanto te apetezca…
- Oraciones condicionales poco probables (te ayudaría si pudiera)
- Oraciones condicionales imposibles (si hubiera estado allí le habría dicho algo)
- A fin de, con la intención de, con la finalidad de…
- Expresiones (esto es la mar de divertido, la tira de grande…)
- Llegar a, acabar por, echar a, romper a, no alcanzar a…
- Mantenerse, mostrarse.
- Como si/igual que si + imperfecto de subjuntivo (jugaron como si fueran profesionales)
- A causa de que, gracias a que, por culpa de que…
- Así que, de ahí que, con tal de que, así pues.
- Aun si, aun cuando, incluso cuando, si bien, ni siquiera, incluso si…

VOCABULARIO DE NIVEL C1

Vientre	Rodaja	Proveedor
Ombligo	Pedazo	Subastar
Puño	Escurrir	Adquirir
Pulgar	Empalagoso	Costear
Cráneo	Acidez	Desembolsar
Vértebra	Vajilla	Malgastar
Peca	Colador	Recaída
Caspa	Tasca	Contagio
Corpulento	Chiringuito	Saludable
Robusto	Discípulo	Esguince
Tiritar	Taller	Cicatrizar
Fallecido	Chucherías	Picor
Prematuro	Retribución	Trastorno
Austero	Dimitir	Desmayarse
Prepotente	Eficiente	Píldora
Versátil	Trasnochar	Dosificar
Frívolo	Grada	Ingerir
Humilde	Palco	Vello
Ira	Torneo	Cabello
Piedad	Certamen	Justificante
Alucinar	Adversario	Brújula
Asombrarse	Oponente	Derrape
Enorgullecerse	Declarar	Pinchazo
Envidiar	Exponer	Empujar
Desanimarse	Manifestar	Remolcar
Derrumbarse	Hormigón	Rentabilizar
Hundirse	Residente	Contribuyente
Fatigarse	Chabola	Patrimonio
Ruborizarse	Choza	Lema
Hospitalidad	Estropajo	Patrocinar
Caradura	Lejía	Difusión
Gafe	Frotar	Gerente
Padrastro	Aclarar	Recolección
Madrastra	Camilla	Finca
Padrino	Vitrina	Huerta
Madrina	Devolución	Establo
Manipular	Aval	Manada
Malcriar	Arresto	Rebaño
Admirador	Detención	Sembrar
Huésped	Interrogatorio	Cosechar
Anfitrión	Sospechoso	Tejido
Glotón	Auxilio	Jerarquía
Sorber	Socorrer	Adhesión
Catar	Vertedero	Soborno
Codorniz	Alumbrado	Traición
Alubias	Alcantarillado	Himno
Frijoles	Mostrador	Confrontación
Gajo	Estante	Trama
Corteza	Encargado	Intriga

1. Elija la opción correcta.

1. No te di mi dinero para que lo .... (malgastar, tú).
a) malgastabas	b) malgastaste	c) malgastaras

2. El hijo de Marta .... (conducir) ayer 10 kilómetros con el maletero roto.
a) condujo	b) ha conducido	c) condujera

3. Si .... (nacer) en México tendría un cactus en mi jardín.
a) hubiera nacido	b) naceré	c) nacía

4. Si .... (tener) tiempo te ayudaría a limpiar la casa.
a) tenga	b) tuve	c) tuviera

5. Cuando haya terminado mis exámenes .... (tener) noticias de mí.
a) tendrás	b) tienes	c) tengas

6. Si los Reyes Católicos no hubieran confiado en Colón, no le .... (pagar) el viaje.
a) pagaron	b) habrían pagado	c) pagan

7. Espero que mi equipo .... (ganar) el partido.
a) gana	b) haya ganado	c) ha ganado

8. No conozco a nadie que .... (poder) correr 70 kilómetros sin parar.
a) puede	b) pueda	c) podrá

9. ¡Qué raro! Miguel todavía no ha llegado, ... (perderse) de camino.
a) se pierde	b) se perderá	c) se habrá perdido

10. Anoche soñé .... mi abuela.
a) de	b) con	c) en

11. En la empresa todos esperamos que .... (volver) pronto.
a) vuelve	b) volvía	c) vuelva

12. Ayer, cuando llegué a casa, Pablo ya .... (hacer) la cena.
a) habrá hecho	b) había hecho	c) hará

13. El año que viene .... (ir) a España con una beca Erasmus.
a) iré	b) fui	c) iba

14. Si no .... (asistir) a aquella reunión, no habría conocido a tu madre.
a) asistí	b) hubiera asistido	c) asistiera

15. Quiero que me .... (llamar) lo antes posible.
a) llamarás	b) llames	c) llamas

Soluciones: 1 - c, 2 - a, 3 - a, 4 - c, 5 - a, 6 - b, 7 - b, 8 - b, 9 - c, 10 - b, 11 - c, 12 - b, 13 - a, 14 - b, 15 - b

Escuche la canción y complete los huecos.

Me gusta, Rulo y la Contrabanda

Me gusta el taconeo que haces al andar
y que no (1)................... cocinar.
Me gusta que te enfades,
sé bien que tras gritar quizás te dejes desnudar.
Me gusta cuando (2)..................., es cuando dices más.
Me gusta el doble de tú mitad.

Resulta inevitable. Me gustas más que a los demás.

Me gusta cuando duermes, también tu despertar.
Me gusta tu (3)...................
Me gusta tu desorden de vida y de hogar,
"copy paste", soy igual.
Me gusta que se (4)................... todos a mirar
si cruzas al baño del bar

Resulta inevitable. Me gustas más que a los demás

Por Halloween me compras flores
y dices que te (5)................... de mí,
luego me das calabazas por san Valentín.
En Navidad dirás que me quieres,
en marzo te da por huir.
Tendría que (6)................... y olvidarme de ti (x2)

Me gusta como (7)................... después de acariciar.
Me gusta el caos de tu ciudad.
Me gusta que tu alma y que tu (8)...................
nunca se podrán comprar.
Me gusta que si llueve te vas a caminar
y tardas días en (9)...................

Resulta inevitable. Me gustas más que a los demás

---

1 sepas, 2 callas, 3 impuntualidad, 4 giren, 5 acuerdas, 6 alejarme, 7 arañas, 8 libertad, 9 regresar

Complete el texto con las palabras que faltan:

Seguridad vial

La policía de Navarra comienza este lunes una campaña de controles preventivos dirigidos a ciclistas con el fin de fomentar su seguridad. Los agentes recordarán a los ciclistas la normativa vigente, ofrecerán un …….1……. con consejos y entregarán hasta 1.500 luces rojas para sus bicicletas. Cabe destacar que desde el año 2010, 12 ciclistas han perdido la vida en accidentes de tráfico en Navarra. Si bien en los dos últimos años no se ha contabilizado ninguna víctima mortal, en 2016 se registraron 110 accidentes relacionados con bicicletas, …….2……. con 113 personas heridas.

El Gobierno recuerda que las bicicletas deben contar con una luz blanca en la parte delantera y otra roja trasera. Esta iluminación se empleará cuando se …….3……. de noche, en vías poco iluminadas y por túneles. Para aumentar la seguridad se aconseja que la vestimenta del ciclista sea de colores claros. Respecto al casco, es aconsejable utilizarlo siempre, sea o no obligatorio. Deberá estar homologado según la normativa europea, atado y bien ajustado. Los menores de 16 años deben emplearlo siempre …….4……. que los mayores de 16 solo por carretera.

En cuanto a las distracciones, el Gobierno de Navarra recuerda que son la primera causa de accidentalidad. El uso del teléfono móvil está prohibido también cuando se circula en bicicleta, así como el empleo de …….5……. y reproductores de sonido. Cabe recordar que su uso impide tener una percepción real de lo que ocurre alrededor y reduce la capacidad para captar los sonidos del entorno, una información vital para circular y …….6……. accidentes.

Por otra parte, la policía desarrolla durante esta semana otra campaña especial de tráfico centrada en las distracciones al volante. El objetivo es …….7……. a los conductores de la necesidad de mantener la máxima atención. Para ello, los agentes pondrán especial atención en distracciones como el empleo del teléfono móvil sin manos libres o el manejo de navegadores durante la conducción. En tres de cada diez accidentes de tráfico la distracción al volante es un factor concurrente. De hecho, el uso del teléfono móvil durante la conducción produce un riesgo de sufrir un accidente similar al de circular con exceso de alcohol. Por otra parte, fumar mientras se conduce multiplica …….8……. 1,5 el riesgo de accidente.

(Adaptado de http://20minutos.es)

1. a) alambre   b) folleto   c) tarjeta
2. a) saldados   b) salados   c) comparados
3. a) culmine   b) concrete   c) circule
4. a) mientras   b) siempre   c) cuando
5. a) subliminales   b) complicidades   c) auriculares
6. a) escupir   b) evitar   c) excavar
7. a) repeler   b) concienciar   c) pisar
8. a) por   b) entre   c) a

Soluciones: 1 – b, 2 – a, 3 – c, 4 – a, 5 – c, 6 – b, 7 – b, 8 - a

1. Describa la imagen. (30 - 40 segundos)
· Explique lo que puede ver.
· Imagine que puede estar pasando en la imagen.
· Utilice estructuras como: es posible que..., es muy probable que..., no creo que...

2. ¿La asignatura de religión debe ser obligatoria en las escuelas? Exprese su opinión.

Ejemplos de soluciones:
1- En la imagen puedo ver una pareja joven, de unos 30 años, que está preparando la comida. El chico está cortando algo que parece un pepino o calabacín mientras que la chica está moviendo los espaguetis que están en la olla al tiempo que mira a su novio cortar la verdura. Es posible que sean vegetarianos pues parece que van a preparar pasta con ajo, cebolla, pimiento, puerro, pepino y calabacín. Pienso que van a freír estos ingredientes porque tienen una sartén preparada para ello, yo diría que van a utilizar aceite de oliva. No creo que sea un día laborable, parecen estar demasiado felices cocinando sin prisa y esto no suele suceder de lunes a viernes. Es muy probable que sea sábado o domingo pues ambos se han puesto ropa elegante y beben vino tinto, quizás estén esperando invitados.

2- Pienso que en las escuelas públicas debería haber una amplia gama de opciones para elegir las asignaturas optativas, dejando como obligatorias únicamente aquellas que son imprescindibles para el desarrollo de los niños, por ejemplo, matemáticas, geografía o las asignaturas de lenguas. También añadiría a dicha lista las materias de educación vial y una introducción a la educación fiscal para los adolescentes. No creo que la asignatura de religión sea perjudicial para los jóvenes, todo lo contrario, la considero como uno de los pilares más importantes en su educación pues gracias a ella los niños descubren gran parte de la cultura de los países hispanos. Sin embargo, la sociedad en la que vivimos hoy en día debe ser tolerante con las diferentes creencias religiosas, del mismo modo debe imperar el respeto entre creyentes y ateos. Es por este motivo por el que pienso que los padres deben tener la potestad de decidir si sus hijos reciben educación religiosa en la escuela o no.

Complete con los fragmentos que faltan. (De los seis fragmentos solo debe usar cinco)

"Millennials" valoran más la salud en el trabajo que el salario

Los jóvenes rodeados de tecnologías que llegaron a la vida adulta tras el año 2000, la generación "millennial", valora más los programas de salud dentro de las empresas.

"Los jóvenes valoran el tener iniciativas de salud en su empresa, ………………1……………….", expresó Annel Lozano, subdirectora en Estrategia de Salud Be Well de Lockton México.

Aseguró que este tipo de programas no solo son médicos. "El apego que se logra de parte de los trabajadores hacía la compañía es mucho más fuerte cuando existen este tipo de programas que procuran al empleado, los cuales incluyen desde la activación física, clases, llevar nutriólogos, vacunación y herramientas para la prevención".

La experta en salud laboral recalcó que los trabajadores han mostrado una mayor disposición a este tipo de actividades ……………2………………

"A veces se toman pruebas sanguíneas y el año siguiente se vuelven a tomar, ……………3……………… y los empleados no vean esto como acciones aisladas", indicó.

"En un principio son buenas las pruebas simples de azúcar, sangre, peso y talla, pero a partir de ahí se deben priorizar los temas, dar seguimiento con coaching de salud para lograr que la persona pueda cambiar sus hábitos y que se puedan medir los resultados".

La especialista aseguró que el seguimiento de estos programas debe aplicarse en un lapso mínimo de tres años, un costo que "a veces no representa ni siquiera un tres por ciento de lo que representaría una enfermedad en los empleados" y ………………4………………

La doctora Annel Lozano destacó que gracias las iniciativas de bienestar en las empresas, el 75% de los infartos pueden ser prevenidos; las enfermedades cardiovasculares se pueden disminuir en un 40% y el 50% de las complicaciones por diabetes se pueden contener.

"La recomendación para los empleadores es que se acerquen a gente con experiencia y a personal capacitado ………………5……………….", destacó.

(Adaptado de http://excelsior.com.mx)

a. que se vería traducido en ausentismo, incapacidades y rotación de personal

b. que puede llevar estos programas integrales a largo plazo y con resultados

c. cuando se muestra un seguimiento de los programas

d. que se ve reflejado en las estadísticas publicadas por ambos

e. a veces más que la propia retribución económica

f. es muy importante que se enfatice que siempre haya una línea de seguimiento

Soluciones: 1 – e, 2 – c, 3 – f, 4 – a, 5 – b

Escuche la canción y complete los huecos.

Mazas y catapultas, Kase O

Nena tú eres un desliz, una locura, un (1)..................,
una trampa de amor, una aventura,
yo no sé si es tu (2).................. o tu cintura,
me tienes bajo shock con tu lenta tortura,
mala para la (3).................., tanta turbulencia.
Yo que ya me había acostumbrado a la soledad,
y ahora llegas tú con tu (4).................. impertinencia,
tu loca extravagancia y tu fragancia, fresca novedad.
No, no, no quiero saber de ti,
No, no, no quiero salir de mí.
Cuando te dije que tenía el corazón de (5)..................,
yo no sabía que tenías tú tanta fuerza.

Mazas y catapultas...(x4)

Eso que me das, me (6).................. despacito,
"solo un poco más" como un yonki me repito,
sé por dónde vas, hoy iré a tu garito,
voy a provocar un (7).................. fortuito.
Ya sé que te dije que en mi vida el amor
tiene un monumento que es de puro cemento.
Ahora llegas tú y despiertas esa (8)..................,
con besos que me rompen por dentro.
Mira, es tu inocencia lo que quiero salvar,
creo que eso mismo es lo que me (9)..................,
una voz me dice "déjate llevar",
otra voz me dice "¡mientras puedas, (10)..................!".
No, no, no quiero saber de ti,
No, no, no quiero salir de mí.
Cuando te dije que tenía el corazón (11)..................
yo no sabía que tenías tú un arsenal guardado.

Mazas y catapultas...

Soluciones: 1 error, 2 nariz, 3 salud, 4 dulce, 5 piedra, 6 mata, 7 encuentro, 8 flor, 9 atrapa, 10 escapa, 11 cerrado.

1. Escriba una carta de motivación de entre 250 y 300 palabras para la siguiente oferta de trabajo:

EMPRESA DE ALQUILER DE QUADS BUSCA UNA PERSONA AMANTE DEL MUNDO DEL MOTOR.

PRECISAMOS COMMUNITY MANAGER PARA LLEVAR TODAS NUESTRAS REDES SOCIALES Y DE NUESTRAS FRANQUICIAS DEDICADAS AL OCIO Y TURISMO.

LA PERSONA QUE BUSCAMOS DEBE TENER NOCIONES DE DISEÑO GRÁFICO.

SE ENCARGARÁ DE GESTIONAR TODAS LAS REDES SOCIALES DE FACEBOOK, INSTAGRAM, ETC, ASÍ COMO CANALES YOUTUBE.

SE VALORARÁ MUY POSITIVAMENTE EXPERIENCIA EN REDES SOCIALES Y CONOCIMIENTO DE INGLÉS Y OTROS IDIOMAS.

Ejemplo de solución:
Buenos días,
Mi nombre es Alberto Rodríguez y he leído el anuncio en el que buscan un Community Manager para su empresa. Debo admitir que me ha causado especial emoción su oferta pues se ajusta perfectamente a mi forma de ser. Domino el inglés y estoy acostumbrado a utilizarlo en el día a día. Como pueden comprobar en mi currículum, he realizado diversos cursos en el extranjero que avalan mis conocimientos, de todos modos, estaría encantado de realizar la entrevista de trabajo íntegramente en inglés para que ustedes puedan evaluar mis conocimientos.
También podrán observar que mis estudios se ajustan perfectamente a los requerimientos del puesto ya que, tras terminar la carrera de Turismo, comencé un máster en Marketing Digital en la universidad de Mallorca, el cual he finalizado hace unos meses.
A pesar de no tener una amplia experiencia en empresas, soy un apasionado de la tecnología, he creado varias páginas webs de diferentes temas y soy un usuario muy activo en internet. Domino a la perfección las redes sociales, así como los programas de diseño gráfico y edición de vídeo.
Me gustan las tareas que me sean un reto y requieran creatividad. Por esta razón creo que puedo incorporarme perfectamente en su equipo.
Tengo moto desde los catorce años y me gusta estar al día en todos los asuntos del mundo del motor. Soy una persona abierta, me comunico fácilmente con la gente y sé cómo entablar una relación cortés y constructiva con los clientes.
Me encantaría ampliar mis conocimientos formando parte de su empresa, me despido atentamente,
Alberto Rodríguez.

Complete con los fragmentos que faltan. (De los seis fragmentos solo debe usar cinco)

Rusia y EE UU firman un acuerdo para construir una estación espacial en la Luna

Rusia y EE UU han firmado una declaración de cooperación para crear una estación espacial en la Luna que comenzará a construirse a mediados de la próxima década, según ha anunciado hoy la agencia espacial rusa en un comunicado.

El proyecto Deep Space Gateway está abanderado por la NASA y consiste en una estación espacial en la órbita del satélite de la Tierra. El proyecto sería el sucesor de la Estación Espacial Internacional (ISS), ………1………….

El acuerdo muestra una importante sintonía en el espacio entre dos países enfrentados por el espionaje, la guerra en Siria y la proliferación nuclear de Corea del Norte. Las agencias espaciales de Europa (ESA), Japón y Canadá también están embarcadas en el proyecto, …………2…………..

Antes del anuncio de hoy, Rusia había expresado su intención de construir una base propia en la superficie de la Luna para entrenar a sus cosmonautas de cara a futuros viajes a Marte. También China ha anunciado planes para llevar a la Luna su propia estación espacial.

Parte de la declaración, firmada en Australia durante el Congreso Internacional de Astronáutica, se refiere a las normas internacionales que deben aplicarse en el futuro. "Al menos cinco países están trabajando en la creación de sus propias naves tripuladas", ha dicho Igor Komarov, director de Roscosmos. "Con …………….3……………….", ha añadido.

"Declaraciones ………4…………", ha dicho por su parte Robert Lightfoot, director en funciones de la NASA, en un comunicado.

El objetivo final de la nueva estación es ser el puerto de partida para las misiones tripuladas a Marte y otros puntos del Sistema Solar. La primera fase de construcción consistirá en llevar a la órbita lunar los tres módulos de la estación, uno para generar energía, otro para que vivan los astronautas y un tercero ………..5……………..

(Adaptado de http://elpais.com)

a. dedicado a laboratorios similares a los de la ISS

b. como la firmada con Roscosmos muestran que el concepto de Deep Space Gateway es un buen ejemplo de exploración espacial asequible y sostenible

c. que llegó al espacio en 1998 con la colaboración de EE UU, Rusia, Europa, Canadá y Japón y que dejará de funcionar en 2024, según los planes actuales

d. el mismo director que apoyó el primer proyecto espacial de la NASA

e. que aún está en un punto temprano de desarrollo, según la ESA

f. el fin de evitar problemas en el futuro en la cooperación técnica, se debería unificar una parte de las normas

Soluciones: 1 – c, 2 – e, 3 – f, 4 – b, 5 – a

Cuba

La isla de Cuba está ubicada en el mar de las Antillas (o mar Caribe), cerca de la costa de los Estados Unidos y México. Su población es de algo más de once millones de habitantes, su lengua oficial es el español y su moneda es el Peso cubano.

Se trata de un país predominantemente llano, alrededor del 75% de la superficie del país está formada por llanuras, únicamente encontramos tres cadenas montañosas en la isla. Estas llanuras tienen una altitud inferior a los 100 metros sobre el nivel del mar y en ellas se asienta prácticamente toda la población del país, así como el grueso de las actividades económicas.

Desde el triunfo de la Revolución Cubana en el año 1959, el sistema político de la isla ha sido el de un estado socialista, con una centralización de los medios de producción. Durante casi cincuenta años, el país fue gobernado por Fidel Castro, actualmente es su hermano Raúl Castro quien dirige el país.

En Cuba no existe propiedad colectiva. El estado planifica y gestiona todo el sistema productivo para luego distribuir los beneficios en el país y en mantener el sistema. El estado cubre todas las ramas de la producción, prestando a cambio sanidad y educación gratuita y comerciando para conseguir los productos escasos en la isla. Por lo tanto, la mayor parte de los medios de producción y del suelo son propiedad del estado. Las únicas excepciones son las empresas mixtas relacionadas con el turismo, las pequeñas propiedades agrícolas y los pequeños comercios privados que empezaron a aparecer a partir de los 90.

La vivienda es en su totalidad propiedad del estado y se distribuye de forma más o menos equitativa entre la población. No se puede adquirir, alquilar o vender casas, es el estado el único que las asigna por lo que en teoría todo ciudadano tiene acceso a una vivienda digna. Las casas son rehabilitadas en su mayoría por sus moradores a excepción de políticas concretas como la renovación del centro de la Habana. La escasez de material de obra dificulta las reformas por lo que un gran número de viviendas presentan un avanzado nivel de deterioro.

1. En Cuba:
a) Las llanuras ocupan una treceava parte del territorio.
b) Las llanuras ocupan tres tercios del territorio cubano.
c) Cuba es el tercer país por la extensión de sus llanuras.

2. El gobierno cubano:
a) Es el propietario del mercado mobiliario y encargado de la compra-venta de viviendas.
b) Asigna las viviendas a los habitantes del país pues es el único poseedor de inmuebles.
c) Organiza un mercado libre donde la inversión extranjera está presente en el sector turístico.

3. Los cubanos:
a) Viven en un estado socialista y reciben asistencia sanitaria y educación sin coste alguno.
b) Trabajan sin recibir retribución económica alguna.
c) No deben reformar sus viviendas pues el estado se encarga de hacerlo regularmente.

Soluciones: 1 – b, 2 – b, 3 - a

Lea el texto y conteste a las preguntas de forma oral, dé su opinión y razone sus respuestas.

LOS APARTAMENTOS TURÍSTICOS

En los últimos años se ha incrementado notablemente el número de apartamentos destinados al uso vacacional. La rentabilidad de este tipo de negocio supera con creces al de los alquileres normales, es por esto que, en muchas ciudades turísticas, los edificios del centro histórico han dejado de ser viviendas para convertirse en apartamentos turísticos. El nuevo negocio crece a un ritmo desorbitado, los hoteleros han sido los primeros en dar la alarma, al no verse capacitados para competir contra este tipo de alojamientos que, en muchas ocasiones, ofrece una relación calidad precio mejor ya que no paga impuestos.

Pregunta 1: Muchas personas creen que el precio de los alquileres en una ciudad debería estar regulado por el gobierno. ¿Qué opina usted?

Pregunta 2: El modelo turístico está sufriendo fuertes cambios, ¿cómo cree usted que evolucionará en los próximos años?

Pregunta 3: ¿Es usted partidario del cierre de páginas web que conectan usuarios interesados en ofrecer o encontrar apartamentos o transporte?

Ejemplos de soluciones:

Pregunta 1: Me parece una buena idea, creo que de este modo se podrían evitar situaciones de alquileres injustos o subidas de precio repentinas con la intención de echar a los inquilinos de la vivienda. Dicho esto, no creo que sea una medida sencilla de tomar, pues el precio de la vivienda varía en función de diferentes factores, algunos de ellos fáciles de generalizar como la localización o la existencia o no de ascensor en el edificio. Pero otros factores que influyen en el precio son más difíciles de controlar, como, por ejemplo: el estado del inmueble, su iluminación, su limpieza. Controlar este mercado requeriría de un despliegue de recursos impresionante y no tengo la sensación de que los gobiernos estén dispuestos a asumir estos costes.

Pregunta 2: Tengo la sensación de que, a largo plazo, Internet será el amo y señor del mercado turístico, las agencias de viajes dejarán de existir, las reservas turísticas se realizarán en pocos segundos a través de los teléfonos móviles, pagaremos por los servicios sin usar monedas ni billetes, y como esto una gran lista de cosas. En el futuro, la vida será mucho más cómoda y la forma de viajar no será una excepción, iremos a una ciudad nueva pero en todo momento estaremos conectados a la red, no perderemos ni un segundo de nuestro tiempo en visitar monumentos que no tengan buena valoración en la web, nos desplazaremos con agilidad por las calles de la ciudad que no conocemos gracias a las aplicaciones de navegación y nos comunicaremos sin problemas gracias a los traductores automáticos que tendremos en nuestros teléfonos.

Pregunta 3: Creo que el mercado debería ser lo más libre posible, si estas aplicaciones están en auge es porque satisfacen las necesidades de la gente de una manera extraordinaria. Ahora bien, no me parece bien que se formen grandes empresas para aprovecharse de estas aplicaciones y crear de este modo un tejido empresarial libre de impuestos. La experiencia nos está diciendo que esto es muy difícil de controlar, pues la gente busca siempre obtener los mayores beneficios posibles con su dinero y la avaricia está a la orden del día. Por esto, creo que las aplicaciones deberían tener un estricto control sobre los productos que ofrecen sus usuarios en ellas, no es justo que los hoteles tengan que cerrar porque una empresa que no paga impuestos se está quedando con sus clientes.

Escuche la canción y complete los huecos.

Mala leche, Moneda dura

Las 4 de la (1).................., la guagua que no llega.
La gente que no para de hablar y que se desespera.
Gotas de sudor que (2).................. por mis ojeras.
Te cuento de otro día normal

Las (3).................., me subo apretado,
revuelto por el mal olor que trae el tipo de al lado.
La gente que te empuja todo el tiempo.
Gente sin pena, otros que taladran fuerte en las (4)..................

Somos una masa de grasa y acero, somos como (5).................. que se apuran hasta el matadero
Somos las hormigas que van al agujero, somos una braza de (6)..................

Y todavía me encuentro con gente que vive para ponérmela más mala.
Gente que no habla, solo que te ladra, gente que (7).................. las palabras
Si yo no te hago daño, no es "pa" que te despeches
Si yo no te hago daño ¿Cuál es tu mala leche?
¡Ay! Pero dime qué te hice para que me (8).................. las narices
Relájate y coopera la grasa en el cerebro no se opera
Oye no es para tanto, tus (9).................. ya me vienen estresando
¡Ay! Pero dime, dime, dime ¿Cuál es tu mala leche?

7 de la mañana, desayuno despacio, como si (10).................. en un palacio.
El barrio con su bulla, la luz que no ha venido. Hoy va a ser, sin duda, un día entretenido.

Paso 15 minutos espiando a mi (11)..................,
yo que me enveneno y la muy zorra no me mira.
La cuenta de la electricidad me está acabando,
pero qué voy a hacer si es que vivir me está (12)..................

Ahora que tengo mi cerebro en coma, ahora que el carro de mi vida está sin gomas.
Ahora que estaba tan (13).................. con mis vicios, ahora que todo sale cuando me encapricho

*Estribillo

No traigo soluciones, no regalo sorpresas, qué culpa tengo yo de tus dolores de (14)..................
Si estamos en lo mismo, no me ofendas no te reprendas.
Dale un chance a tu cerebro "pa" que se distienda.
Venimos de una estirpe única en el (15)..................
Si somos el calor que quema desde lo más profundo
Dime por qué no nos tratamos como hermanos,
me late el corazón (16).................. me dicen cubano.

Soluciones: 1 tarde, 2 caen, 3 6:45, 4 orejas, 5 vacas, 6 fuego, 7 escupe, 8 toques, 9 gritos, 10 estuviera, 11 vecina, 12 matando, 13 tranquilo, 14 cabeza, 15 mundo, 16 cuando

121

Complete el fragmento de contrato de arrendamiento con las palabras que faltan:

CONTRATO DE ALQUILER

PRIMERA.- OBJETO Y DESTINO.
Por medio del presente contrato, la parte arrendadora arrienda a la parte arrendataria el inmueble, quien lo acepta en las condiciones …….1……. en este documento.

La parte arrendataria se obliga a utilizar el inmueble arrendado como vivienda, no pudiéndose variar dicho uso sin consentimiento escrito de la parte arrendadora. El incumplimiento de este precepto será …….2……. de resolución del contrato.

La vivienda se pondrá a disposición de la parte arrendataria con la entrega de llaves, recibiendo la vivienda en un estado adecuado al fin al que se destina.

SEGUNDA.- DURACIÓN Y PRÓRROGAS.
El arrendamiento se pacta por un plazo de 4 años completos, a contar desde el día 01.09.2017 Llegado el día del …….3……. del contrato, éste se prorrogará por plazos anuales salvo que el arrendatario manifieste al arrendador, con treinta días de …….4……. como mínimo a la fecha de terminación del contrato o de cualquiera de las prórrogas, su voluntad de no renovarlo.

TERCERA.- RENTA Y ACTUALIZACIÓN DE RENTA.
El arrendatario abonará al arrendador, en concepto de renta, la cantidad de 600 euros mensuales a pagar dentro de los cinco primeros días de cada mes, …….5……. ingreso o transferencia bancaria en el número de cuenta 234 5621 3214 3268 9887 0014 7541

El incumplimiento de la obligación de pago en el periodo fijado será motivo de resolución del contrato, debiendo en tal caso restituir el inmueble el arrendatario al arrendador inmediatamente, siendo por cuenta de aquél los gastos que la resolución pueda …….6…….

CUARTA.- GASTOS.
El arrendatario se hará cargo de los gastos generales de comunidad que correspondan a dicha vivienda, así como de los gastos de agua, luz y gas.

QUINTA.- OBRAS.
No podrá realizar la parte arrendataria ningún otro tipo de obra o modificación en el inmueble o edificio al que pertenece sin el …….7……. expreso de la parte arrendadora.

A pesar de no tener la consideración de obra, se prohíbe expresamente al arrendatario la realización de agujeros o …….8……. en las paredes del inmueble, descontándose de la fianza el importe que sea necesario para que las paredes recuperen su estado original en su caso.

1. a) amontonadas	b) nutridas	c) pactadas
2. a) motivo	b) montura	c) real
3. a) comienzo	b) vencimiento	c) terminación
4. a) antelación	b) comparecencia	c) compensación
5. a) mediante	b) por medio	c) a través
6. a) estafar	b) originar	c) obedecer
7. a) racionamiento	b) consentimiento	c) cumplimiento
8. a) represiones	b) culminaciones	c) perforaciones

Soluciones: 1 – c , 2 – a, 3 – b, 4 – a, 5 – a, 6 – b, 7 – b, 8 - c

1. Escuche la canción de Pimpinela: Olvídame y pega la vuelta. Después escriba sobre qué habla. (Entre 100 – 150 palabras)

....
....
....
....
....
....
....

2. ¿Qué ventajas y desventajas tendría la implantación de una moneda única en Sudamérica? (Entre 100 – 150 palabras)

....
....
....
....
....
....
....

Ejemplos de soluciones:

1. La canción cuenta la historia de una pareja que terminó su relación, la chica narra que, tras dos años sobreviviendo infeliz sin su novio, aprendió a vivir sola. Entonces alguien toca el timbre y ella abre la puerta, el hombre ha vuelto a casa con intenciones de retomar la relación, sin embargo, ahora es la mujer la que no desea estar con él. Ella le pide que se marche pues no le desea y que olvide todo, al mismo tiempo que le reprocha que para eso él tiene experiencia. El hombre explica que escapó buscando nuevas sensaciones, pero que al tiempo descubrió que aquello no era más que una fantasía y decidió volver con su amada pues la echaba de menos. Sin embargo, ella vuelve a repetirle que no le desea y de nuevo le pide que se vaya.

2. La creación de una moneda única para todos los países de América Latina puede conllevar importantes cambios económicos en la zona. Por un lado, hay que observar los puntos positivos de esta medida, como la facilidad con la que las empresas podrían importar y exportar productos a otros países, del mismo modo los habitantes no tendrían que cambiar de moneda al cruzar la frontera, las comisiones bancarias desaparecerían y los precios estarían más claros para los consumidores.
Sin embargo la experiencia del Euro nos dice que la implantación de una moneda única en países con diferentes niveles de renta puede ocasionar una subida general de los precios, siendo los más perjudicados los consumidores con las rentas más bajas, así como las pequeñas empresas que sufrirían para adaptarse a la nueva realidad económica en la que tendrían que competir con las grandes multinacionales reforzadas por la reforma.

Responde a las preguntas del siguiente test:

1. ¿Cuál de las siguientes frases es correcta?
a) Después de una larga discusión, Pedro nos dio el razón.
b) Tras una larga discusión, Pedro nos dio la razón.
c) Tras un gran discusión, Pedro nos dió la razón.

2. ¿Cuál de las siguientes frases es correcta?
a) El treinta y uno por ciento de la población tiene problemas de obesidad.
b) El treinta y un por ciento de la población tienen problemas de obsesidad.
c) El treintaiún por ciento de la población tiene la problema de obesidad.

3. ¿Cuál de las siguientes frases es correcta?
a) Cuando sonó el timbre, lo abrió la puerta como si nada hubiese pasado.
b) Cuando llamó su vecino, le abrió la puerta como si nada hubiera pasado.
c) Cuando llamó Ana, la abrió la puerta como si nada habría pasado.

4. ¿Cuál de las siguientes frases es correcta?
a) Es posible que lleguen hoy o mañana.
b) Es posible que llegaran hoy o mañana.
c) Es posible que llegasen hoy o mañana.

5. ¿Cuál de las siguientes frases es correcta?
a) El médico se aseguró que la venda estaba bien sujeta.
b) El enfermero se aseguró que la venda estuviera bien sujeta.
c) El enfermero se aseguró de que la venda estuviera bien sujeta.

6. ¿Cuál de las siguientes frases es correcta?
a) La directora les prohibió de que entrasen en la escuela.
b) La directora les prohibió de entrasen en la escuela.
c) La directora les prohibió que entrasen en la escuela.

7. ¿Cuál de las siguientes frases es correcta?
a) Previendo de que iba a llover esa noche, decidió no ir al estadio.
b) Preveyendo que iba a llover esa noche, decidió no ir al estadio.
c) Previendo que iba a llover esa noche, decidió no ir al estadio.

8. ¿Cuál de las siguientes frases es correcta?
a) Acabo de enterarme de que el plazo espira el próximo lunes.
b) Acabo de enterarme de que el plazo expira el próximo lunes.
c) Acabo de enterarme de que el plazo expire el próximo lunes.

Soluciones: 1 – b, 2 – a, 3 – b, 4 – a, 5 – c, 6 – c, 7 – c, 8 – b.

Complete con los fragmentos que faltan. (De los seis fragmentos solo debe usar cinco)

Ojo con las horas de las comidas

Un atraso en el horario de la alimentación a lo largo del día reinicia uno o varios de los relojes sincronizados con el ritmo diario de 24 horas de las personas.

Bien sabido es desde hace tiempo que el cuerpo humano se comporta en un ciclo de 24 horas controlado por un reloj central en el cerebro y ………………1…………………

Si se atrasa alguno de los horarios de las comidas, al menos uno de esos se puede resetear, dijeron los investigadores en un artículo que apareció en Current Biology.

Este hallazgo sugiere que ………………2………………… A la vez, sugiere que el manejo de la alimentación podría ser útil en los casos de jet-lag cuando se viaja a través de los meridianos. Una alternativa que no debe ser descartada. También puede ayudar en situaciones de modificación del horario laboral.

Jonathan Johnston, investigador de la Universidad de Surrey, explicó que "un retraso de 5 horas en el tiempo de ………………3………………… Pensamos que se debe a cambios en los relojes en nuestros tejidos metabólicos, pero no en el reloj central del cerebro".

En este estudio, Johnston, Sophie Wehrens y colegas, enrolaron 10 jóvenes saludables en un experimento de 13 días en laboratorio. Los 10 consumían las tres comidas con 5 horas de intervalo. Todas contenían la misma cantidad de calorías y de macronutrientes.

Cada uno de los participantes comenzó con un tiempo de alimentación 30 minutos después de despertar y luego, al acostumbrarse a comer temprano, ………………4………………

El cambio en el horario de alimentación no pareció influir en el hambre o en el sueño de los participantes. Pero los investigadores descubrieron que el retraso en el horario de alimentación afectaba de manera significativa los niveles de azúcar en la sangre.

"Preveíamos ver algunos retrasos en el ritmo luego de las comidas tarde, ………………5………………… Al igual que otros ritmos metabólicos, incluyendo la insulina en la sangre y los triglicéridos", comentó Johnston.

(Adaptado de http://elcolombiano.com)

a. horarios regulares de alimentación pueden ayudar a las personas a mantener sus relojes en perfecta sincronía

b. cambiaron a una comida servida cinco horas más tarde durante seis días

c. pero el tamaño del cambio en el azúcar en la sangre fue sorprendente

d. la comida provoca un retraso similar en los ritmos internos del azúcar en la sangre

e. la doctora decidió cancelar las pruebas con animales tras la tragedia

f. varios periféricos en otras partes del cuerpo que actúan de manera sincronizada

Soluciones: 1 – f, 2 – a, 3 – d, 4 – b, 5 – c

1. ¿Qué opina sobre la instalación de cámaras de seguridad en todas las calles de su ciudad? ¿Es más importante para usted la seguridad o la privacidad?

Prepare una argumentación a favor o en contra. Si lo desea, puede tomar notas (2 minutos).

....

....

....

Haga un monólogo de aproximadamente 2 minutos de duración sobre el tema.

Usted debe:

· presentar su posición al respecto;

· justificar su posición expresando sus argumentos;

· ejemplificar;

· concluir dejando clara su postura.

Ejemplo de solución:
El tema a tratar es complejo, instalar un sistema de vigilancia en nuestras ciudades a costa de la preciada privacidad es algo que jamás obtendrá unanimidad a la hora de ser votado. Unos preferirán sentirse seguros y saber que cada uno de sus pasos ha sido grabado, sin embargo, a otras personas les aterroriza el mero hecho de pensar que un desconocido pueda estar observando sus movimientos.
¿Seguridad o privacidad? Yo personalmente me decanto por la seguridad, creo que vivimos en una sociedad lo suficientemente avanzada como para establecer límites en el control que se ejerce sobre los ciudadanos. No me cabe la menor duda de que al principio esta medida puede ser controvertida y muy posiblemente genere abusos de poder a corto plazo, pero estoy seguro de que aprenderemos de nuestros errores y encontraremos el modo de controlar a los que nos controlan.
La vigilancia urbana deberá ser estrictamente una herramienta para ayudar a los ciudadanos, ayudará a la policía a localizar sospechosos, los índices de criminalidad bajarán y aquellos que ahora temen salir a la calle volverán a pasear con sus hijos por el parque.
Por ejemplo, imaginemos que un desconocido roba su coche y lo quema borrando las pruebas, hoy en día la policía carece de los medios necesarios para descubrir al autor del delito, sin embargo, con un sistema de vigilancia adecuado los agentes podrían seguir los pasos del delincuente y atraparlo en unas pocas horas.
Vivimos en el siglo veintiuno, creo que ya va siendo hora de terminar con la violencia, y es el poder político el que debe movilizarse para conseguir que las personas dejemos de ser el animal más peligroso del planeta.
Para concluir, reitero mi opinión de que los espacios públicos en nuestras ciudades deberían estar totalmente monitorizados y animo a la gente a no ser demasiado crítica con la medida a corto plazo sino esperar unos años para poder analizar sus resultados.

Complete con los fragmentos que faltan. (De los seis fragmentos solo debe usar cinco)

La impresionante imagen del enorme asteroide que se acercará a la Tierra

Los titulares de medio mundo recogían que el asteroide 52768 (1998 OR2) «rozará» la Tierra el próximo 29 de abril. Se trata de una roca espacial de entre 1,8 y 4,1 kilómetros de diámetro que se aproximará a nosotros a 0,04 unidades astronómicas y a una velocidad de 8,69 kilómetros por segundo. ………1………. Así que, más allá del espectáculo astronómico, no tenemos nada que temer.

De hecho, su acercamiento ya ha tenido gratas consecuencias: el radiotelescopio del Observatorio de Arecibo, en Puerto Rico, ha conseguido una impresionante imagen del asteroide esta misma semana. ………2……….

Zhao Haibin, astrónomo del Observatorio de la Montaña Púrpura de la Academia de Ciencias de China, explica: «El asteroide tiene cero posibilidades de golpear la Tierra cuando realice el próximo sobrevuelo», dijo Zhao, citado por la agencia de noticias china Xinhua.

………3………. Desde el 4 de abril lo rastrearon utilizando el telescopio de objetos cercanos a la Tierra e informaron con sus datos de observación al Minor Planet Center, afiliado a la Unión Astronómica Internacional.

Pese a su gran tamaño, el CNEOS (Center for Near Earth Object Studies) de la NASA también ha asegurado que no hay riesgo de impacto. ………4………. Aunque las probabilidades son muy bajas y su tamaño es mucho menor, de unos 2 metros.

En realidad, son muchos los cuerpos que se acercan a la órbita terrestre. Sin embargo, no suelen ser tan grandes como '52768 (1998 OR2)': de media, solo seis asteroides de este tamaño se acercan a la Tierra. No obstante, el trabajo para localizar y controlar los asteroides es vital en la seguridad de nuestro planeta, ya que un cuerpo de esta envergadura podría ser devastador para la vida en la Tierra, como demostró el evento que acabó con los dinosaurios. ………5……….
Incluso hay en marcha programas como HERA o DART para probar la efectividad de estos planes teóricos.

(Adaptado de http://abc.es)

a. En ella se puede contemplar una forma redondeada que los propios investigadores comparan con una «mascarilla» sanitaria.

b. Por ello, ya existen algunos planes de diferentes agencias espaciales (incluida la Agencia Espacial Europea o ESA) para hacer frente a un posible impacto de asteroide contra nuestro planeta.

c. Sin embargo, aunque pueda sonar amenazante, lo cierto es que este cuerpo pasará en su órbita más cercana a 6,28 millones de kilómetros o, lo que es lo mismo, a 16,4 veces la distancia entre la Tierra y la Luna.

d. De hecho, en los próximos siglos, se ha incluido en la lista a 23 objetos, y solo uno ('2018 VP1') podría impactar este 2020 contra la Tierra.

e. Para que el asteroide provoque tal terremoto, deberá impactar frontalmente.

f. Los científicos del observatorio de Zhao, con sede en la provincia de Jiangsu, este de China, han estado vigilando de cerca al asteroide.

Soluciones: 1 – c, 2 – a, 3 – f, 4 – d, 5 – b

127

Expresión oral, responde a las siguientes preguntas.

1. ¿Qué ropa habrías puesto en la maleta si hubieras viajado a México?
2. Si hubieras podido elegir, ¿en qué país habrías nacido?
3. ¿Podré tomar helado cuando me haya terminado la sopa?
4. ¿Qué habría pasado si Colón hubiera llegado a la India como él quería?
5. ¿Qué idioma hablarías si hubieras nacido en China?
6. Cuando haya parado de llover. ¿Iremos al parque?
7. ¿Cómo te llamarías si hubieras nacido en Argentina?
8. Si hubieras podido elegir, ¿habrías nacido chica o chica?
9. ¿Qué habrías hecho si hubieras estado en la guerra?
10. ¿Habrías votado a Obama si hubieras vivido en Estados Unidos?
11. ¿Qué harás cuando hayas visitado todos los países del mundo?

Ejemplos de soluciones

1. Si yo hubiera viajado a México, habría puesto en mi maleta bañadores y camisetas.
2. Si hubiera podido elegir, yo habría nacido en España.
3. Cuando hayas terminado la sopa, podrás comer todo el helado que quieras.
4. Si Colón hubiera llegado a la India, no habría descubierto América.
5. Si yo hubiera nacido en China, ahora hablaría chino.
6. No sé, hablaremos sobre esto cuando haya parado de llover.
7. Si hubiera nacido en Argentina me llamaría María Cristina.
8. Si hubiera podido elegir, yo habría nacido chico.
9. Si yo hubiera estado en la guerra, habría intentado escapar.
10. Sí, si yo hubiera vivido en los Estados Unidos, habría votado a Obama.
11. Cuando haya visitado todos los países del mundo, escribiré un libro.

Indicativo	Subjuntivo
Presente (yo juego)	**Presente** (yo juegue)
· Presente; *juego al fútbol los lunes.* · Futuro; *el sábado como en casa de Ana.* · Presente histórico; *año 1492, Cristóbal Colón descubre América.*	· Imperativo; *no juegues al fútbol.* · Después de (quizás, es posible que, tal vez, puede que, ojalá, para que, no creo que); *quizás venga.* · Una persona quiere/necesita que otra haga algo; *yo quiero que tú trabajes.* · Cuando + subjuntivo + futuro/imperativo; *cuando llegues, avísame.*
Pretérito perfecto (yo he jugado)	**Pretérito perfecto** (yo haya jugado)
· Acción en el pasado (tiempo no terminado); *hoy he desayunado mucho.*	· Acción finalizada que sigue vinculada al presente; *ojalá haya ganado el Real Madrid.* · Acción que finalizará en el futuro; *podrás verle cuando haya salido del hospital.*
Pretérito imperfecto (yo jugaba)	**Pretérito imperfecto** (yo jugara o jugase)
· Describir una situación en el pasado; *era verano, pero hacía frío.* ·Acciones repetidas en el pasado; *antes jugaba al fútbol todos los lunes.*	· Después de la locución "como si"; *has trabajado como si fueras el jefe.* · Una oración que necesita del subjuntivo en pasado; *Yo quería que ella viniera a la fiesta.* · Frases condicionales irreales; *si fueras más alta jugarías al baloncesto.* · Después de un verbo principal en condicional. *Me gustaría que salieras más de tu casa.*
Pretérito indefinido (yo jugué)	
· Acción que tuvo lugar en un momento pasado; *ayer bebí vino.*	
Futuro (yo jugaré)	
· Acción en el futuro; *mañana lloverá.* · Suposiciones en presente; *imagino que su oficina todavía estará desordenada.*	
Condicional (yo jugaría)	
· Deseos; *me gustaría viajar a Elche.* · Sugerencias; *deberías beber menos.*	
Pretérito pluscuamperfecto (había jugado)	**Pretérito pluscuamperfecto** (yo hubiera jugado)
· Acción anterior a un momento pasado; *cuando llegué ya se había ido.*	· Condicional pasado imposible; *si hubiera estado allí, te lo habría dicho.*
Futuro perfecto (yo habré jugado)	
· Suposición pasada en el futuro; *en el año 2020 ya habré aprendido español.* · Suposición en el pasado; *Raúl no ha llegado, se habrá perdido.*	
Condicional compuesto (yo habría jugado)	
· Acción que hubiera sucedido en el pasado en otras circunstancias; *si no hubiera llovido ayer, habríamos ido a la playa.*	

MODELO DE EXAMEN

PRUEBA DE COMPRENSIÓN DE LECTURA

TAREA 1. Instrucción: Usted va a leer cinco textos breves. Elija la opción correcta para cada una de las cinco preguntas.

⚠ En la tarea 1 nos encontraremos con cinco textos de entre 40 y 80 palabras, cada uno de ellos irá acompañado de una pregunta. El lenguaje será muy sencillo (nivel A1) y los textos tratarán sobre temas personales o públicos, podemos esperar encontrarnos con correos electrónicos, mensajes, anuncios de empresas, informaciones para el público en general etc.

Buenos días,
Quiero invitarte a mi cumpleaños, el próximo sábado vamos a ir al restaurante que está al lado de la escuela. Después de comer vamos a ir al cine, mis padres nos van a llevar en coche.
Tienes que estar a las doce y media en mi casa. Vivo en la calle Predicadores 14.
Nos vemos el sábado, un saludo,
Marcos

1. Marcos dice que...
(a) el restaurante está junto a la escuela.
(b) el restaurante está dentro de la escuela.
(c) el restaurante va a estar cerrado el sábado.

....

PROFESOR DE INGLÉS

Soy estudiante de filología inglesa. Ofrezco clases de inglés para niños, jóvenes y adultos. Desde nivel inicial hasta nivel B2. Tengo coche y puedo ir a tu casa, trabajo todos los días de nueve de la mañana a siete de la tarde.

Precios:

· 10 euros por una hora de clase, de lunes a viernes.
· 12 euros por una hora de clase, sábados y domingos.

Si estás interesado/a, puedes llamarme al teléfono: 605 723 896

2. El anuncio es para personas que quieren...
(a) aprender un idioma.
(b) comprar un coche.
(c) ser profesores de inglés.

....

Triunfar

La última película del director argentino Armando Méndez, un drama histórico ambientado en la época romana. Película no recomendada para menores de 18 años.

Horarios:
- de lunes a viernes a las 18:00 h y 20:00 h
- sábados y domingos: 18:30 h y 20:30 h

Con la compra de dos entradas recibes una bebida de regalo. Puedes encontrar más descuentos en nuestra web: www.cineciudad.ar

3. Puedes ir al cine para ver la película Triunfar...
(a) por la mañana.
(b) por la tarde.
(c) antes de desayunar.

....

DISCOTECA MERMELADA

Las noches más divertidas, las fiestas más largas y la mejor gente de la ciudad. Todo esto y mucho más vas a encontrar en la discoteca mermelada. Abrimos todos los viernes y sábados por la noche.
Precio: 5 euros. No permitida la entrada a menores de 16 años.
Organizamos cumpleaños y eventos privados. Escríbenos en Facebook si quieres reservar la sala para ti y tus amigos.

4. En el anuncio se dice que...
(a) la discoteca está abierta todos los días
(b) solo pueden entrar los estudiantes.
(c) puedes organizar tu fiesta privada en este lugar.

....

Busco pareja

Soy un chico muy divertido y simpático, tengo 37 años y vivo en Madrid. No tengo mucho tiempo libre para conocer gente porque trabajo mucho, por eso pongo este anuncio. Busco una chica inteligente y habladora. Me gusta mucho viajar y ver películas de terror. Si quieres conocerme puedes escribirme un email, mi dirección de correo electrónico es: raulramirez@jmail.com.
Un beso,
Raúl

5. Raúl dice que...
(a) no le gusta trabajar.
(b) quiere conocer la ciudad.
(c) pasa mucho tiempo en el trabajo.

TAREA 2. Instrucción: Usted va a leer un correo que Alejandro ha escrito a su amiga Marta. Elija la opción correcta para cada una de las cinco preguntas.

⚠️ En la tarea 2 tendremos un texto más largo (entre 250 – 300 palabras) que incluye verbos en tiempos pasados (nivel A2). Deberemos responder a cinco preguntas sobre el texto que pueden tratar sobre experiencias pasadas, viajes, peticiones formales de información, recuerdos etc.

Hola Marta, ¿qué tal todo? Te escribo desde Chile, es un país precioso. Ayer estuve paseando por las montañas y me acordé de ti. Vi un lago precioso, con el agua de color azul cielo, me bañé y recordé nuestros veranos en Málaga. Después alquilé una bicicleta y crucé un bosque maravilloso. Me encanta mi nueva vida aquí.

Vivo en un piso pequeño y viejo, mis compañeros son chilenos y estudian en la misma universidad que yo, todos los días vamos en autobús a las clases. La semana pasada hizo tanto viento que se rompió la ventana de mi habitación y tuve que dormir dos noches sin ventana. Como te he dicho, el piso es bastante viejo, a veces no tenemos luz y utilizamos velas para iluminar el salón. Creo que el próximo año voy a buscar un piso más nuevo y más cerca de la universidad, cada día tardo cincuenta minutos en llegar a clase.

Hablé con mi hermano por Skype y me dijo que aprobaste todos los exámenes y ya tienes el título, me alegro mucho por ti. ¿Ahora qué vas a hacer? ¿Vas a empezar a buscar trabajo? Yo espero terminar el próximo año y volver a España a finales de julio, tengo muchas cosas que contarte.

El mes pasado tuve una pequeña crisis, incluso un día pensé en hacer mis maletas y volver a casa, pero mis compañeros de piso me ayudaron mucho, ahora somos muy buenos amigos. Uno de ellos estudia turismo y viaja por todo el mundo, el mes pasado estuvo en el Salar de Uyuni, dice que es un lugar espectacular, creo que voy a ir allí el próximo fin de semana.

Cuéntame qué tal te va todo por allí, te echo de menos, un beso muy grande,

Alejandro

1. Alejandro es...
(a) estudiante de la universidad.
(b) chileno.
(c) el hermano de Marta.

2. En el texto se dice que ayer Alejandro...
(a) se bañó en Málaga.
(b) hizo una excursión.
(c) estudió en el bosque.

3. Alejandro quiere...
(a) cambiar de piso.
(b) trabajar en la universidad.
(c) romper la ventana.

4. Marta...
(a) encontró un trabajo nuevo.
(b) va a empezar a estudiar.
(c) ha terminado los estudios recientemente.

5. Alejandro tiene...
(a) buena relación con sus compañeros de piso.
(b) un piso nuevo.
(c) un compañero de Málaga.

TAREA 3. Instrucción: Usted va a leer tres textos en los que unos jóvenes actores hablan sobre su experiencia. Elija la opción correcta para cada una de las ocho preguntas.

⚠ En la tarea 3 tendremos tres textos de entre 100 – 120 palabras que pueden incluir tiempos pasados, condicional y futuro (nivel B1). Deberemos relacionar cada uno de los ocho enunciados con uno de los textos. Muy probablemente leeremos las biografías o los relatos de tres personas diferentes, los textos tratarán los mismos temas, pero cada uno de ellos tendrá detalles diferentes, deberemos localizar la información específica que será mencionada por una frase del texto.

RAÚL
Empecé a actuar en el teatro de mi pueblo cuando tenía seis años, todos mis hermanos lo hacían y yo no quería ser menos que ellos. Al principio no me gustaba nada, lloraba cuando tenía que salir al escenario y le decía a mi madre que no quería ir al teatro. Pero todo esto cambió cuando conocí a Marcos, el profesor de interpretación, él me enseñó a expresar los sentimientos de forma natural, empecé a sentirme atraído por el mundo de la interpretación. Mis hermanos poco a poco fueron dejando las clases de teatro, pero yo continué. Cuando tenía quince años, viajaba todos los fines de semana con el grupo de teatro a los pueblos vecinos, allí interpretábamos diferentes obras. Un día, un productor de cine extranjero me vio actuando, habló conmigo y con mis padres y me ofreció la oportunidad de participar en una película en su país, acepté y me mudé con mi familia. He tenido suerte y ahora soy un actor reconocido a nivel mundial.

ALBERTO
Cuando era pequeño quería ser futbolista, era mi sueño, dedicaba todo mi tiempo libre al fútbol, incluso jugué durante un año en el equipo juvenil del Valencia. Por desgracia, tuve una grave lesión en mi pie derecho y no pude continuar haciendo deporte. Pasé unos años muy malos, deprimido y aislado del mundo. Mis padres hacían todo lo posible por ayudarme, viajábamos mucho, me compraban juegos y libros, pero nada funcionaba. Un día, me llevaron a un casting para una serie de televisión, todavía recuerdo la cara de asombro y sorpresa de los directores de la serie cuando me vieron actuar por primera vez, dijeron que era lo mejor que habían visto en sus vidas. Participé en la serie como un personaje secundario, pero al público le gustó tanto mi personaje que en la segunda temporada los guionistas decidieron que debía ser uno de los personajes principales. Ahora estamos grabando la cuarta temporada de la serie, es todo un éxito.

RAMÓN
Desde pequeño me interesaba el mundo del cine, mi juego preferido era reproducir escenas de películas famosas con mis juguetes. Cuando cumplí dieciséis años, mis padres me apuntaron a una escuela privada de cine, era un poco cara y ellos no ganaban mucho dinero, hicieron un esfuerzo muy grande por mí. Yo me esforzaba mucho por obtener buenos resultados y, después de tres años, me gradué con la nota más alta de la escuela. Varios directores de cine se interesaron por mí, empecé con papeles secundarios en películas de bajo presupuesto, en pocos años di el salto a la fama y el año pasado debuté en Hollywood en una gran producción. Mi vida es perfecta, y todo gracias a mis padres. En el futuro quiero ser director y hacer una película sobre la vida de mi madre.

1. ¿Quién sufrió un problema de salud que le impidió continuar con su pasión?
(a) Raúl.   (b) Alberto.   (c) Ramón.

2. ¿Quién odiaba la actuación cuando era pequeño?
(a) Raúl.   (b) Alberto.   (c) Ramón.

3. ¿Quién dice que sus padres gastaron mucho dinero para ayudarle en su educación?
(a) Raúl.   (b) Alberto.   (c) Ramón.

4. ¿Quién dice que tuvo un maestro que le inspiró?
(a) Raúl.   (b) Alberto.   (c) Ramón.

5. ¿Quién cambió de país para grabar su primera película?
(a) Raúl.   (b) Alberto.   (c) Ramón.

6. ¿Quién fue el mejor de su clase?
(a) Raúl.   (b) Alberto.   (c) Ramón.

7. ¿Quién dice que los regalos no le ayudaron a superar su problema?
(a) Raúl.   (b) Alberto.   (c) Ramón.

8. ¿Quién dice que otros miembros de su familia también actuaban con él?
(a) Raúl.   (b) Alberto.   (c) Ramón.

TAREA 4. Instrucción: Usted va a leer dos textos en los que faltan cuatro fragmentos. Elija el fragmento correcto para cada hueco. De los cinco fragmentos, solo tiene que utilizar cuatro.

⚠️ En la tarea 4 nos enfrentaremos a dos textos de entre 230 – 280 palabras a los cuales les faltarán cuatro frases, deberemos completar estos huecos eligiendo entre cinco frases. Los textos pueden ser artículos de periódicos, textos académicos o del ámbito profesional adaptados al nivel B2. Hay que fijarse mucho en el género y número de las palabras, en si habla una persona o es una información general y en las ideas de cada párrafo. Además, es aconsejable releer las frases que pensamos pueden ser correctas para comprobar si mantienen la coherencia del texto.

Los osos polares sobreviven por encima de sus posibilidades

Los osos polares ejemplifican como ninguna otra especie el drama del cambio climático. El calentamiento global, más acusado en el Ártico, está trastocando el ecosistema. Ahora, el seguimiento a una decena de osas ha desvelado que su metabolismo es mucho mayor de lo que se creía. 1 _____. A medio plazo, muchos de estos animales están condenados.

Las focas, en particular la foca anillada y la foca barbuda, son la base principal de la dieta de los osos polares. Aunque hay diferencias regionales, casi siempre las cazan de la misma manera: se sientan al borde del hielo y esperan pacientemente. 2 _____. Su temporada de caza va pareja al deshielo: empieza en abril y acaba en otoño, a medida que el hielo vuelve a cubrir todo el océano. En los meses de primavera y verano tienen que comer todo lo que puedan ya que pasarán casi todo el invierno en ayunas.

Esa forma de cazar y las largas temporadas sin comer había hecho creer a los científicos que el metabolismo de los osos polares era muy lento, algo que les podría ayudar ante los tiempos de dificultad provocados por el deshielo acelerado. Sin embargo, un grupo de investigadores de EE UU ha comprobado que, aún sentados durante días esperando una presa, 3 _____.

Como escriben los investigadores, "los osos polares obtienen la mayoría de su grasa corporal a finales de la primavera y principios del invierno, cuando llegan a alcanzar una grasa relativa de un kilogramo de grasa por kilogramo de masa magra". Sin embargo, en los 10 días de abril de 2014, 2015 y 2016 que los investigadores rastrearon a las osas estudiadas, ninguna alcanzó tal equilibrio. De hecho, cuatro de ellas llegaron a perder hasta el 10% de su masa corporal el breve espacio de tiempo que fueron rastreadas. 4 _____.

(Adaptado de http://elpais.com)

(a) Peor aún, ni siquiera en los mejores días de su temporada de caza logran reponer la energía que pierden

(b) Dicho científico, negó los rumores que la prensa había publicado.

(c) los osos polares tienen un ritmo metabólico mucho más elevado de lo que se suponía.

(d) Pueden estar así días hasta que aparece la cabeza de una foca y la sacan como si tuvieran un arpón.

(e) Y eso que abril y mayo son los meses centrales de su temporada de caza.

¿Es saludable seguir una dieta libre de gluten sin ser celíaco?

Muchas personas tienden a pensar que no consumir gluten, la proteína que se encuentran en el trigo, la cebada y la avena, es beneficioso para el organismo. (1) _____.

Según afirmó Suzanne Mahady, científica y gastroenteróloga de la Universidad de Monash, en Australia, no existe evidencia científica de que una dieta libre de gluten sea beneficiosa para la salud de quienes no padecen enfermedad celíaca y, por lo tanto, no son alérgicos a dicha proteína.

En un artículo que publicó en el sitio The Conversation, Mahady señaló que, en el caso particular de Australia, un 1% de la población es celíaca, pero alrededor de un 11% de los habitantes siguen una dieta libre de gluten porque esta es percibida como "una alternativa más saludable". No obstante, la ciencia no ha logrado demostrar que eso sea realmente así.

En este sentido, la especialista recordó los resultados de algunos estudios, como uno realizado en EEUU. (2) _____, tienen mayores tasas de diabetes tipo 2.

"¿Por qué las dietas libres de gluten son tan populares?", se pregunta Mahady. Para responder la interrogante, la gastroenteróloga diferencia entre quienes padecen la enfermedad celíaca y quienes son intolerantes al gluten. (3) _____.

Sin embargo, existe la impresión entre los especialistas de que muchas personas que dicen ser intolerantes o sensibles al gluten, en realidad tienen la sensación de que la ingesta de esa proteína les hace mal para la salud, pero no lo han comprobado realmente.

Otra razón para el éxito de estas dietas, sostiene Mahady, es que muchos de los productos que contienen gluten se asocian con una alimentación poco saludable. (4) _____.

(Adaptado de http://emol.com)

(a) Que demostró que una dieta libre de gluten no está asociada a un corazón más saludable y otro que arrojó que las personas con menor ingesta de gluten

(b) De esta manera, al dejarlos, las personas sienten que cuidan más su organismo

(c) Ella ganó este premio cuando tenía menos de veinte años

(d) En el caso de los primeros, la ingesta de la proteína daña el intestino, mientras que para los segundos solo genera malestares como hinchazón

(e) Sin embargo, al parecer no están en lo correcto

TAREA 5. Instrucción: Usted va a leer un texto en el que faltan doce palabras. Elija la opción correcta para cada hueco.

⚠️ En la tarea 5 deberemos completar los doce huecos de un artículo especializado de entre 375 – 425 palabras. El texto estará adaptado a un nivel B2/C1 del Marco Común Europeo de Referencia para las lenguas. Hay que prestar especial atención a los conectores del texto y al sentido de las oraciones, ya que las tres opciones posibles serán muy similares entre sí.

El 16% de los niños tiene su primer Smartphone antes de cumplir los 10 años

Con _____1_____ de la celebración hoy martes 6 de febrero del Día Internacional de la Internet Segura, desde S2 Grupo se ha destacado que la formación y la concienciación sobre el uso seguro de las nuevas tecnologías continúa siendo tarea _____2_____ para evitar ser víctimas de los ciberdelincuentes tanto a nivel personal o familiar como en el ámbito empresarial.

La conmemoración de este día internacional fue puesta en marcha con el _____3_____ de promover precisamente el uso responsable de las nuevas tecnologías, _____4_____ entre menores y jóvenes.

En este sentido, expertos han advertido de que el _____5_____ en el uso de las nuevas tecnologías por parte de los menores y cada vez a edades más tempranas, hace _____6_____ incrementar la concienciación sobre su uso seguro para evitar que sean víctimas de ciberdelincuentes o ellos mismos incurran en delitos por no utilizarlos adecuadamente.

De _____7_____, según una encuesta realizada por la compañía a través de su blog Hijosdigitales.es, el 16% de los padres aseguraban haber comprado su primer Smartphone a sus hijos antes de los 10 años y que el 22% de los menores, _____8_____ en esta franja de edad, ya utilizan redes sociales.

«Los problemas _____9_____ en entornos conectados son múltiples y la tendencia indica que seguirán aumentando, eso hace que se disparen las alarmas y que desde tanto las instituciones públicas, organizaciones y entidades privadas, nos pongamos en marcha para formar y concienciar a los menores y evitar que _____10_____ víctimas de delitos relacionados con el uso de las Nuevas Tecnologías», ha declarado José Rosell, socio-director de S2 Grupo.

En este sentido, el ciber acoso, la pérdida de privacidad, las adicciones o las apuestas online son solo algunos de los riesgos a los que pueden _____11_____ los menores relacionados con este ámbito.

«Muchas familias piensan que limitar el uso de estas tecnologías es la solución para evitar ciberproblemas, pero esto es inútil. Los dispositivos conectados están _____12_____ vez más implantados en cada ámbito de nuestra vida y la auténtica forma de protegernos es conocer los riesgos a los que nos enfrentamos y cómo realizar un uso responsable de Internet», ha asegurado Rosell.

(Adaptado de www.abc.es)

1.	(a) árbitro	(b) motivo	(c) monumento
2.	(a) pendiente	(b) precoz	(c) pulsera
3.	(a) maltrecho	(b) objetivo	(c) sencillo
4.	(a) especial	(b) especias	(c) especialmente
5.	(a) aumento	(b) aturdimiento	(c) sangrado
6.	(a) encubierto	(b) exento	(c) esencial
7.	(a) hecho	(b) echo	(c) echó
8.	(a) generaría	(b) incluidos	(c) luminosos
9.	(a) tulipanes	(b) machacados	(c) originados
10.	(a) sean	(b) serán	(c) serían
11.	(a) compenetrarse	(b) enfrentarse	(c) sentirse
12.	(a) cada	(b) contra	(c) ninguna

SOLUCIONES DE LA PRUEBA DE COMPRENSIÓN DE LECTURA

TAREA 1
1 - a, 2 - a, 3 - b, 4 - c, 5 - c

TAREA 2
1 - a, 2 - b, 3 - a, 4 – c, 5 – a

TAREA 3
1 – b, 2 – a, 3 – c, 4 – a, 5 – a, 6 – c, 7 – b, 8 – a

TAREA 4. Texto 1
1 – a, 2 – d, 3 – c, 4 - e

TAREA 4. Texto 2
1 – e, 2 – a, 3 – d, 4 – b

TAREA 5
1 – b, 2 – a, 3 – b, 4 – c, 5 – a, 6 – c, 7 – a, 8 – b, 9 – c, 10 – a, 11 – b, 12 – a

RESULTADOS DE LA PRUEBA

Nivel inferior a A1
Entre 0 y 4 aciertos.

Nivel A1
Entre 5 y 9 aciertos.

Nivel A2
Entre 10 y 17 aciertos.

Nivel B1
Entre 18 y 26 aciertos.

Nivel B2
Entre 27 y 32 aciertos.

Nivel C1
Entre 33 y 38 aciertos.

⚠ Las respuestas incorrectas no restan puntos. Tienes 60 minutos para realizar las cinco tareas. Hay que llevar cuidado con las respuestas "trampa", que suelen mencionar aspectos del texto, pero no responden exactamente a lo que se nos pide.

PRUEBA DE COMPRENSIÓN AUDITIVA

Audio en vídeo de YouTube: SIELE, PREPARACIÓN PARA EL EXAMEN
https://www.youtube.com/watch?v=riThmbbledU&t=8s

TAREA 1 (Vídeo de YouTube 00:00**)**

Instrucción: Usted va a escuchar a un hombre, Manuel, que habla sobre su novia. Lea las cinco frases y elija la opción correcta para cada hueco.

⚠ En la tarea 1 escucharemos dos veces un diálogo corto y claro de menos de dos minutos de duración (nivel A1). Tratará sobre temas personales o situaciones de ámbito público. Deberemos completar cinco frases eligiendo entre quince palabras, es recomendable leer las quince palabras antes de escuchar el audio.

Opciones de respuesta:

(a) perro (b) escuela (c) novia (d) gato (e) oficina (f) abuela (g) joven (h) delgada (i) alta (j) pez (k) amigos (l) hermana (m) fábrica (n) planes (ñ) dinero

Frases:

1. El amigo de Manuel no tiene _____ para el sábado.
2. Cristina es la _____ de Manuel.
3. Cristina trabaja en una _____.
4. Cristina es más _____ que Manuel.
5. La mascota de Cristina es un _____.

Transcripción del audio.

MANUEL: ¡Hola! ¿Tienes planes para el próximo sábado?

AMIGO: Pues la verdad es que no.

MANUEL: ¡Perfecto! Te invito a mi casa, tengo que presentarte a una persona, se llama Cristina y es mi novia.

AMIGO: Sí claro, voy a ir. ¿Y cómo es Cristina?

MANUEL: ¡Fantástica! Es muy inteligente y trabajadora, es profesora en una escuela de primaria. A Cristina le gustan mucho los deportes, igual que a mí. Y es muy guapa, tiene el pelo largo y rubio, los ojos azules y las piernas largas y bonitas.

AMIGO: ¿Y cuántos años tiene?

MANUEL: Bueno... Ella... Tiene... Veinticinco años.

AMIGO: ¿Veinticinco años? ¿No piensas que es muy joven para ti?

MANUEL: En el amor no importa la edad. Cristina es perfecta para mí, estudia alemán y va todos los lunes y martes al gimnasio. Además, viaja siempre que puede, y tiene un pequeño perro muy simpático.

AMIGO: Bueno... Quiero conocer a esta chica, nos vemos el sábado.

TAREA 2 (Vídeo de YouTube 00:58**)**

Instrucción: Usted va a escuchar cinco anuncios o noticias de radio. Elija la opción correcta para cada una de las cinco preguntas.

⚠ En la tarea 2 tendremos cinco preguntas para cinco noticias o cortes de radio sencillos, escucharemos cada fragmento dos veces. Los temas tratados pueden ser: viajes, entretenimiento, eventos, cine, teatro etc. Los locutores hablan de forma clara y el ejercicio está adaptado al nivel A2.

Anuncio 1. Si eres uno de los cien primeros en comprar el teléfono...
(a) obtienes un teléfono más rápido.
(b) pagas la mitad.
(c) pagas cien euros menos.

Anuncio 2. Las personas que ponen el anuncio...
(a) buscan a su perro perdido.
(b) tienen un perro, pero buscan otro.
(c) quieren un perro nuevo.

Anuncio 3. El restaurante Paquito...
(a) es caro.
(b) está lejos del mar.
(c) tiene horarios diferentes los fines de semana.

Anuncio 4. Las clases de baile...
(a) son solo para jóvenes.
(b) son por las tardes.
(c) son solo para grupos numerosos.

Anuncio 5. En este anuncio se hace publicidad de...
(a) un viaje.
(b) unas viviendas.
(c) una película.

Transcripción del audio.

Anuncio 1
Ya a la venta el nuevo modelo de teléfono de la marca Sampsun, más rápido, más ligero, más elegante. Si eres uno de los cien primeros en comprar el teléfono, vas a disfrutar de un increíble descuento del 50%.

Anuncio 2
Se busca mascota perdida. Nuestro querido perrito Lulú ha desaparecido. Algunas personas nos han dicho que han visto a Lulú esta semana en el Parque Municipal, pero no lo podemos encontrar. Es marrón y tiene un collar verde. Si ves a nuestro perro, llámanos al teléfono 633 214 258.

Anuncio 3
Ven a comer al restaurante Paquito, los mejores platos caseros a precios inigualables. En el paseo

marítimo de Santa Pola. Abierto de lunes a jueves, de nueve de la mañana a cuatro de la tarde. Viernes, sábados y domingos abierto de nueve de la mañana a doce de la noche.

Anuncio 4
Participa en las clases de salsa y rumba más animadas de la ciudad. Todos los jueves y viernes de ocho a nueve de la tarde. Para todas las edades. Descuentos especiales para grupos numerosos. Visita nuestra página web www.salsayrumba.es y elige a tu profesor.

Anuncio 5
Apartamentos de lujo junto al mar Mediterráneo, con dos, tres y cuatro dormitorios. En urbanización privada con jardines, zonas infantiles y piscina. Reserva ya la casa de tus sueños a pocos metros de la playa.

....

TAREA 3 (Vídeo de YouTube 02:49**)**

Instrucción: Usted va a escuchar a ocho personas que hablan sobre sus últimas vacaciones. Elija la frase que corresponde a cada persona.

⚠ En la tarea 3 escucharemos ocho monólogos que tratarán sobre experiencias personales. Deberemos captar la idea general de cada uno de ellos, se tratan temas como: la meteorología, la cultura, la sociedad, la ciencia, la tecnología, los viajes etc. (Nivel B1)

Frases de respuesta:

(a) Visitó a su familia.
(b) Tuvo un problema con el coche.
(c) Estuvo en el bosque.
(d) Han hecho un viaje cultural.
(e) Se bañó en el lago.
(f) Llovió mucho.
(g) Fue un viaje barato.
(h) Estuvieron practicando esquí.
(i) Salió de fiesta todos los días.
(j) Contrataron el viaje en una agencia.
(k) Estuvieron en un crucero.

Personas:

Persona 1: (____).
Persona 2: (____).
Persona 3: (____).
Persona 4: (____).
Persona 5: (____).
Persona 6: (____).
Persona 7: (____).
Persona 8: (____).

Transcripción del audio.

Persona 1
Mi marido organizó el viaje por primera y última vez. Estuvimos en una zona tropical en época de tormentas, llovió sin parar durante dos semanas. Fue horrible, casi no pudimos salir del hotel.

Persona 2
Como no teníamos mucho tiempo para organizar y no queríamos preocuparnos por nada, compramos el viaje en una agencia de viajes. Pagamos un poco más, pero ellos lo organizaron todo, la verdad es que estoy muy contento, creo que en el futuro voy a contratar más viajes con esta agencia.

Persona 3
Nosotros estuvimos en varias capitales europeas, queríamos conocer la historia y la cultura de los diferentes países, así que visitamos los museos y monumentos más importantes de cada ciudad. Hemos ido corriendo y con prisas todos los días. No ha sido un viaje muy relajante, pero hemos aprendido muchísimo.

Persona 4
Estuvimos en la montaña esquiando, a nuestros hijos les encanta la nieve. Fueron unas vacaciones perfectas. Este año, mi marido y yo decidimos contratar a un instructor para perfeccionar nuestra técnica con los esquís. Unos amigos nuestros estuvieron con nosotros durante los primeros días, pero por desgracia, uno de sus hijos se hizo un esguince y decidieron volver a casa.

Persona 5
Estuve en el pueblo de mis abuelos, como todos los años. Descansé mucho, visité a mis amigos de la infancia y paseé por las montañas con mis primos pequeños. Me encanta pasar el tiempo en la vieja casa familiar, allí parece que los problemas desaparecen, mi abuela siempre sabe cómo alegrarme el día.

Persona 6
Pasamos unos días en las montañas, cerca del pueblo donde me crie. Tuvimos un problema con el coche y no pudimos volver el día que teníamos planeado, tuve que llamar a mi jefe para decirle que no podía volver a casa y tampoco podía ir al trabajo. Por suerte, tenemos el seguro a todo riesgo y ellos lo arreglaron todo.

Persona 7
Como somos estudiantes y no tenemos mucho dinero, fuimos haciendo autostop por toda la costa. Algunos días dormimos en la playa y otros en hostales baratos. Hice muchísimas fotos y las publiqué en las redes sociales.

Persona 8
Era la primera vez que íbamos en un crucero, mi marido lo pasó muy mal porque se mareaba constantemente, sin embargo, yo lo pasé genial, descansé mucho y tomé el sol todos los días. Todos los días cenábamos en la cubierta del barco viendo las estrellas, era una sensación muy romántica.

TAREA 4 (Vídeo de YouTube 06:07)

Instrucción: Usted va a escuchar, en versión locutada, una entrevista a Rodolfo Ruiz, un director de cine chileno. Elija la opción correcta para cada una de las ocho preguntas.

⚠ En la tarea 4 nos enfrentaremos a una entrevista de la cual deberemos extraer información concreta. Las preguntas están ordenadas del mismo modo que encontraremos las respuestas en el diálogo. (Nivel B2)

1. Rodolfo Ruiz dice que...
(a) fue al cine por primera vez con su abuelo.
(b) empezó a grabar vídeos gracias a un regalo que le hizo su abuelo.
(c) su abuelo era director de cine.

2. La primera película de Rodolfo fue un fracaso, pero...
(a) contó con la participación de grandes actores.
(b) tuvo una gran repercusión.
(c) le ayudó a mejorar como director.

3. Cuando subió al escenario para recoger el Globo de Oro...
(a) se le pusieron los pelos de punta.
(b) estaba pensando en la grabación del día siguiente.
(c) lloró de la emoción.

4. Al cambiar de país tuvo problemas...
(a) con el idioma.
(b) con otros directores.
(c) con los actores.

5. Según el entrevistado, Paz Pérez...
(a) es una excelente directora de cine.
(b) no consigue conectar con él.
(c) transmite muy bien los sentimientos de su personaje.

6. El director dice que con su última película...
(a) la gente descubrirá su amor por el cine.
(b) los espectadores van a llorar.
(c) todo el mundo se reirá mucho.

7. Rodolfo Ruiz va a grabar una película...
(a) sobre su vida.
(b) sobre la vida en Hollywood.
(c) sobre la infancia de su abuelo.

8. Para Rodolfo...
(a) estar lejos de sus familiares es fácil.
(b) la comida de Estados Unidos es mejor que la de Chile.
(c) las fiestas populares de su país son muy importantes.

Transcripción del audio.

MUJER: ¿Cuándo descubrió su amor por el cine?

HOMBRE: Pues recuerdo que cuando era pequeño vivíamos cerca de un teatro, los fines de semana iba con mi abuelo a ver la función infantil. Me apasionaba hacer cola imaginando lo que harían los actores. Cuando cumplí doce años, mi abuelo me regaló una cámara de vídeo, empecé a grabar cortos con mis amigos y en ese momento descubrí que quería dedicar el resto de mi vida al mundo del cine.

MUJER: Su primera película fue un fracaso, ¿no es así?

HOMBRE: Bueno, grabé "El secreto de la amapola" cuando tenía dieciséis años. Si nos fijamos en la repercusión que tuvo, efectivamente fue un fracaso. Sin embargo, yo aprendí muchísimo de aquella experiencia. Descubrí los problemas reales a los que se enfrenta un director de cine, los conflictos con los actores y los contratiempos de última hora. Gracias a aquel fracaso, maduré como director y puedo decir con orgullo que no me arrepiento de haber rodado aquel desastre de película.

MUJER: ¿Qué sintió cuando ganó su primer premio?

HOMBRE: Como bien sabe usted, recibí el Globo de Oro al mejor director por mi película "Cuéntanos". En aquel momento mi amor por lo que hacía era tan fuerte que ganar aquel premio no me emocionó especialmente. Cuando subí al escenario a recoger la estatuilla estaba pensando en la grabación del día siguiente. Lo que realmente me ponía los pelos de punta era situarme tras una cámara y grabar escenas. Siempre he sido un hombre más de acción que de cenas y eventos elegantes.

MUJER: ¿Por qué decidió mudarse a Estados Unidos?

HOMBRE: Todo el mundo sabe que Hollywood es el lugar de peregrinación para todos los amantes del cine, allí se reúnen las mejores estrellas internacionales. Tengo que admitir que al principio me resultó un poco difícil adaptarme, pues no hablaba muy bien inglés, pero en cuestión de unos meses aprendí y me puse a trabajar como un loco.

MUJER: ¿Con qué actor o actriz se entiende mejor?

HOMBRE: Es difícil responder a esta pregunta, siempre intento crear un vínculo con las personas con las que trabajo. Está claro que siempre hay personas con las que se conecta mejor que con otras, por ejemplo, trabajar con Paz Pérez es un placer, es una actriz fantástica, pero lo que realmente me encanta de ella es su capacidad de transmitir a otros actores los sentimientos de su personaje. Creo que, en el futuro, Paz podría ser una excelente directora.

MUJER: ¿Qué puede contarnos sobre su última película?

HOMBRE: Trata sobre una pareja que sufre una trágica pérdida, su perro muere en un horrible accidente del cual no queda muy claro quién es el culpable. Puede parecer estúpido, pero era ese perro quien mantenía unida a la pareja, toda su vida estaba centrada en la mascota. Podemos ver escenas muy dramáticas en la película, los amantes de los animales y las personas que hayan perdido a alguna mascota llorarán con esta cinta. Creo que hemos conseguido transmitir la relación y el vínculo que se crean con un animal tras años de convivencia.

MUJER: ¿Nos puede hablar sobre sus planes de futuro?

HOMBRE: Pues ya he empezado un nuevo proyecto, se trata de una película autobiográfica. Quiero contar mi vida desde un punto de vista muy familiar, no estaría hoy aquí sin la ayuda de mi abuelo, un hombre que gastó el poco dinero que tenía en ayudar a su nieto a cumplir sus sueños, sin duda alguna, la imagen de mi abuelo tendrá un lugar destacado en esta nueva película. También quiero reflejar el momento en el que decido mudarme a Estados Unidos, no desde el lado profesional, sino mostrando lo duro que es para un joven ambicioso separarse de su familia y amigos. No es una película para ganar dinero, es la película que mi corazón me dice que debo hacer.

MUJER: ¿Qué es lo que más echa de menos de su tierra natal?

HOMBRE: Echo muchísimo de menos a mis familiares y amigos, pienso en ellos a diario. También debo admitir que añoro la comida chilena y la alegría de la gente, aquí es todo más gris. Aunque la verdad es que tengo suerte y voy a mi país varias veces al año, siempre estoy allí durante las fiestas nacionales y de mi ciudad, me encanta ver el colorido de las calles, creo que me llena de energía.

....

TAREA 5 (Vídeo de YouTube 10:25**)**

Instrucción: Usted va a escuchar, en versión locutada, seis fragmentos de una conferencia del profesor español Ricardo Sánchez Navarro sobre las nuevas tecnologías. Elija, para cada fragmento, la opción que contenga una de las ideas mencionadas.

⚠ En la tarea 5 escucharemos un monólogo largo de cuatro minutos como máximo, tratará temas del ámbito educativo y profesional. Las seis preguntas corresponderán a cada uno de los seis fragmentos del discurso, las tres respuestas posibles pueden parecer posibles, pero solo una de ellas ofrecerá información veraz sobre el fragmento. (Nivel B2/C1)

Fragmento 1: (_____).
(a) Tenemos más amigos gracias a los teléfonos.
(b) Los avances tecnológicos mejoran nuestras vidas.
(c) Las nuevas tecnologías nos están volviendo adictos a ellas.

Fragmento 2: (_____).
(a) La diferencia entre la adaptación de jóvenes y mayores a las nuevas tecnologías.
(b) La pérdida del tiempo al buscar información con las nuevas tecnologías.
(c) La pasión de los mayores por aprender a usar internet.

Fragmento 3: (_____).
(a) La transformación en los nuevos aparatos tecnológicos.
(b) La diversidad de cosas que ofrece internet.
(c) Los peligros entre los menores al utilizar internet.

Fragmento 4: (_____).
(a) Las contradicciones de internet.
(b) La pérdida de la cultura por culpa de internet.
(c) Los peligros de internet.

Fragmento 5: (_____).
(a) La educación de los más pequeños en el mundo digital.
(b) La renovación necesaria de los servidores.
(c) El problema de la adicción a las redes sociales.

Fragmento 6: (_____).
(a) Los pequeños negocios están en la red.
(b) El atractivo precio de los productos anunciados en internet.
(c) La excesiva cantidad de publicidad que recibimos a diario.

Transcripción del audio.

Fragmento 1: Cada vez es más difícil pasar un día sin utilizar nuestros teléfonos móviles, tabletas o internet, aquello que creamos para servirnos y hacernos la vida más sencilla ha terminado por esclavizarnos. Basta con pensar en las veces que abrimos nuestras redes sociales cada día, sin ninguna necesidad de hacerlo, simplemente por comprobar qué pasa en el mundo de internet. ¿Y qué me decís del estrés que supone para algunas personas quedarse sin batería o wifi en el teléfono?

Fragmento 2: Los más jóvenes dominan a la perfección las nuevas tecnologías, ante la mirada atónita y de sorpresa de sus padres y abuelos. Cuesta creer cómo puede haber tanta diferencia a la hora de adaptarse a los nuevos sistemas entre las personas mayores, que siguen utilizando los teléfonos fijos de sus casas y las televisiones como única tecnología, y los niños, que pueden satisfacer prácticamente cualquier necesidad que tienen utilizando su teléfono móvil.

Fragmento 3: La red es un mundo de posibilidades prácticamente infinitas, podemos encontrar páginas web e información sobre cualquier tema. Vivir en internet es una realidad cada vez más frecuente y aterradora. Podemos trabajar, relacionarnos con otras personas, comprar, divertirnos e incluso mantener relaciones sexuales a través de la red. La última tendencia, las monedas digitales como bitcoin, que al parecer han venido para quedarse con nosotros, no pueden ser controladas ni por bancos ni por las diferentes policías del mundo ya que pertenecen al territorio salvaje de internet. Las posibilidades son infinitas, ¿qué nos deparará el futuro?

Fragmento 4: Pero todo esto no está exento de riesgos. Los timos, engaños y chantajes son frecuentes en la red. Los delincuentes han encontrado un nuevo terreno de juego donde se encuentran muy cómodos gracias al anonimato que ofrece internet. Desde simples timos a través del correo electrónico hasta complejos programas que espían lo que hacemos y nos roban nuestras contraseñas de bancos.

Fragmento 5: Los niños son especialmente susceptibles a los problemas del mundo digital, a su corta edad todavía no distinguen el bien del mal y son presa fácil de los delincuentes. Es por esto que los padres deben hacer un gran esfuerzo por educar a sus hijos en un campo nuevo, en muchas ocasiones desconocido para ellos. Los más pequeños deben entender que internet no es más que una herramienta, que puede ser usada para ayudar o para hacer daño a otras personas. Las escuelas de todo el mundo deberían incorporar una asignatura sobre precaución en la red.

Fragmento 6: Y no hay que olvidar la cantidad de anuncios a los que estamos expuestos a diario, es imposible evitar relacionar empresas y marcas con eslóganes que tenemos grabados en nuestras mentes o con melodías pegadizas que hemos escuchados miles de veces. Internet y la aparición de las redes sociales han multiplicado el número de anuncios comerciales que vemos cada día. ¿Es esto sano para nuestro cerebro? Por desgracia no lo sabremos hasta que veamos las consecuencias dentro de unos años.

TAREA 6 (Vídeo de YouTube 14:15)

Instrucción: Usted va a escuchar, en versión locutada, un fragmento de una conferencia de Ramón García sobre las mentiras. En ella se mencionan seis de las doce opciones que aparecen a continuación. Elija las seis opciones que corresponden a esta conferencia.

⚠ En la tarea 6 escucharemos una conferencia larga adaptada al nivel C1. Deberemos escoger, de entre doce opciones, las seis frases con información real.

(a) El ser humano miente por naturaleza.

(b) Mentimos para que otras personas no se enfaden con nosotros.

(c) Los niños mienten más que los adultos.

(d) Las personas que hablan mucho mienten más frecuentemente que las personas calladas.

(e) Es más fácil mentir cuando la otra persona nos mira a los ojos.

(f) Las personas se comportan de manera diferente cuando mienten.

(g) Mentimos más cuando estamos en grupos grandes.

(h) Las mentiras piadosas no molestan a nuestros familiares.

(i) El polígrafo falla con frecuencia.

(j) Los científicos pueden detectar las mentiras.

(k) Podemos detectar mentirosos realizando una pregunta inesperada.

(l) Una mentira puede salir muy cara si no se hace bien.

Transcripción del audio.

¿Cómo saber si alguien nos miente?

En una conversación de tan solo diez minutos es muy probable que nuestro interlocutor nos mienta hasta en tres ocasiones. La utilización de las mentiras parece estar arraigada en la naturaleza humana. Mentimos para huir de situaciones difíciles, para conseguir cosas que deseamos o para hacer que otras personas no se enojen con nosotros.

Según las estadísticas, los hombres mentimos en más ocasiones que las mujeres. Del mismo modo que los introvertidos lo hacen menos que los extrovertidos, quizás simplemente tenga que ver con que hablan más y las probabilidades de mentir se incrementan. Algunos expertos también aseguran que, cuanto más creativa es una persona, más falsea la verdad.

En cuanto a los medios preferidos para mentir, aquellos en los que no tenemos que establecer un contacto visual con la otra persona, por ejemplo, una llamada telefónica o un chat. Nos cuesta más engañar a personas que conocemos y que nos miran fijamente a los ojos.

Algunas personas afirman que hay signos relacionados con el engaño, por ejemplo, levantar las cejas o juguetear con las manos mientras se habla. Sin embargo, esto no está probado por ningún estudio y es difícil de analizar, pues cada persona se comporta de manera diferente al mentir.

Ni siquiera el polígrafo, la máquina creada especialmente para detectar mentiras, es fiable, su tasa de acierto es del sesenta y cinco por ciento. El principal problema que tiene esta máquina es el gran número de falsos positivos que detecta, por lo tanto, el polígrafo identifica como mentirosas a personas que están diciendo la verdad.

¿Y entonces qué podemos hacer para saber si una persona nos está mintiendo?

Fíjate en los detalles y cambios de conducta. ¿Se encoge de hombros más de lo normal? ¿Mueve las manos y juguetea con ellas? Un cambio de conducta, en ocasiones, puede ser producido por el estrés que nos produce mentir.

Otra técnica para descubrir si una persona nos está mintiendo es cambiar de tema radicalmente, alguien que nos contaba algo serio se extrañará por este repentino cambio en la conversación y tratará de volver al tema anterior tratado. Pero si nos estaba mintiendo, lo más probable es que nuestro interlocutor se sienta mucho más cómodo con esta nueva situación.

Realizar una pregunta inesperada también puede delatar a un mentiroso. Por ejemplo, ¿esa es la biblioteca que tiene las mesas azules? Una persona que no estuvo en el lugar sufrirá para responder a esta pregunta.

En conclusión, las mentiras están a la orden del día, debemos adaptarnos a ellas, convivir con ellas y, en ocasiones, tratar de descubrirlas, pero sin obsesionarnos demasiado con esta tarea, pues puede volvernos locos ya que es una misión imposible descubrir todas las mentiras que nos dicen.

SOLUCIONES DE LA PRUEBA DE COMPRENSIÓN AUDITIVA

TAREA 1
1 – n, 2 – c, 3 – b, 4 – g, 5 – a

TAREA 2
1 – b, 2 – a, 3 – c, 4 – b, 5 – b

TAREA 3
1 – f, 2 – j, 3 – d, 4 – h, 5 – a, 6 – b, 7 – g, 8 – k

TAREA 4
1 – b, 2 – c, 3 – b, 4 – a, 5 – c, 6 – b, 7 – a, 8 – c

TAREA 5
1 – c, 2 – a, 3 – b, 4 – c, 5 – a, 6 – c

TAREA 6
a – b – d – f – i – k

RESULTADOS DE LA PRUEBA

Nivel inferior a A1
Entre 0 y 4 aciertos.

Nivel A1
Entre 5 y 9 aciertos.

Nivel A2
Entre 10 y 17 aciertos.

Nivel B1
Entre 18 y 26 aciertos.

Nivel B2
Entre 27 y 32 aciertos.

Nivel C1
Entre 33 y 38 aciertos.

⚠ Los errores no restan puntos. Las preguntas que se nos formulan siguen el orden de la información en los textos.

PRUEBA DE EXPRESIÓN E INTERACCIÓN ESCRITAS

TAREA 1

Instrucción: Usted ha recibido un mensaje de un familiar y va a responder. En el mensaje a su familiar usted debe:

- saludarle;
- decir cómo ha pasado sus vacaciones, qué medios de transporte ha utilizado y cómo es la zona donde ha estado;
- decir qué cosas le gustan y qué cosas no le gustan del país que ha visitado;
- despedirse.

Hola primo, ¿qué tal?
Me ha dicho tu padre que has estado en el extranjero. ¿Qué has hecho allí? ¿Has hecho muchas fotos? ¿Qué monumentos has visitado? Seguro que lo has pasado muy bien.
Escríbeme y cuéntamelo todo. Espero verte pronto,
Carlos

Número de palabras recomendado: entre 100 - 150

⚠️ En la tarea 1 deberemos escribir una respuesta a un mensaje, respondiendo a todos los puntos que se nos piden. El mensaje tendrá entre 30 -50 palabras y un léxico bastante sencillo (nivel A1). Nuestra respuesta deberá tener entre 100 – 150 palabras, aunque no pasa nada si nos excedemos un poco.

TAREA 2

Opción 1: Escribir un texto de opinión Lea la siguiente noticia y escriba un texto de opinión para un periódico local sobre las ayudas para los niños de los inmigrantes en las escuelas públicas. En él deberá:

- presentar el tema;
- expresar su opinión al respecto;
- exponer argumentos que apoyen esa opinión;
- elaborar una conclusión.

INTEGRACIÓN SIN BARRERAS

Muchos niños de inmigrantes sufren a diario en las escuelas de nuestro país, el motivo es que no se pueden comunicar con otros alumnos y tienen un alto riesgo de ser marginados por sus compañeros de clase. Desde el gobierno central se han impulsado diferentes ayudas sociales para integrar a estos niños rápidamente en la sociedad, por desgracia, estas ayudas no siempre llegan a tiempo a los centros escolares más remotos y muchos jóvenes sufren problemas de depresión. ¿Qué podemos hacer para mejorar esta situación?

Número de palabras recomendado: entre 250 y 300

⚠️ En la tarea 2 escogeremos entre dos opciones y escribiremos un artículo de opinión o una carta a un periódico que deberá tener una extensión aproximada de 250 – 300 palabras. Deberemos responder a todos los puntos que se nos piden y estructurar bien el texto. Es recomendable prepararse un esquema antes de comenzar a escribir.

Opción 2: Escribir una carta al ayuntamiento de su ciudad. Usted vive en el centro de la ciudad y no está de acuerdo con el cambio de dirección de una calle. Lea la siguiente noticia y escriba una carta dirigida al ayuntamiento en la que exponga:

- los motivos de su queja;
- qué otros problemas pueden generarse con esta medida;
- cuáles son las alternativas de solución al problema existente;
- la respuesta que espera de las autoridades locales.

CAMBIO DE DIRECCIÓN DE LA CALLE CANARIAS

La decisión del gobierno local de cambiar la dirección de la calle Canarias ha traído mucha polémica. La escuela, la parada de autobús, el acceso al puente y la ruta de buses turísticos se verán afectados por esta decisión. El cambio de dirección se produce tras las quejas de algunos vecinos por el ruido de los vehículos al pasar bajo sus balcones.

Número de palabras recomendado: entre 250 y 300

SOLUCIONES DE LA PRUEBA DE EXPRESIÓN E INTERACCIÓN ESCRITAS

Esta prueba será corregida por un profesor que valorará de 0 a 5 los siguientes aspectos.

Cumplimiento de la tarea

Es el más importante de todos para los calificadores, el texto debe responder a todos los aspectos que se piden, no sirve de nada escribir mucho sobre uno de los puntos si dejamos otros sin responder.

Cohesión

El texto debe tener las ideas, los párrafos y las frases bien organizados. Los examinadores prestarán atención a los conectores, puntuación, organización de la información y las oraciones subordinadas.

Corrección

Se centra en el uso correcto de la gramática, antes de terminar el examen, debemos revisarlo en busca de faltas de ortografía.

Alcance

Los examinadores tendrán en cuenta los recursos que utiliza el candidato para escribir el texto, así como si son adecuados al tema que se plantea.

⚠ Dispondremos de 50 minutos para realizar las dos tareas. No hacer uno de los puntos que se nos piden nos penalizará, hay que evitar situaciones tontas como por ejemplo olvidar despedirse en la tarea 1. No debemos alargar las frases demasiado, ni utilizar estructuras que no dominamos, es mejor explicar las cosas con nuestras palabras, pero que esté bien escrito. Siempre se aconseja releer el texto en busca de faltas de ortografía.

PRUEBA DE EXPRESIÓN E INTERACCIÓN ORALES

TAREA 1
Instrucción: Usted debe contestar a 4 preguntas de carácter personal.

⚠ En la tarea 1 tendremos que responder a preguntas personales, las dos primeras serán de nivel A1, mientras que las dos últimas de nivel A2. Podremos escuchar cada pregunta un máximo de dos veces, después, grabaremos nuestra respuesta.

Transcripción:

1. Pregunta (audio): ¿Cuál es su fecha de nacimiento?

2. Pregunta (audio): ¿Cuál es su color preferido?

3. Pregunta (audio): ¿Por qué desea aprender español?

4. Pregunta (audio): ¿Qué hizo el fin de semana pasado?

....

TAREA 2
Elija una de las siguientes fotografías para describir lo que ve en ella.

⚠ En la tarea 2 elegiremos entre dos fotografías y haremos una descripción detallada. Las imágenes corresponderán a situaciones de la vida cotidiana. Podemos empezar hablando de los objetos y personas que vemos en la fotografía, para concluir con una opinión sobre lo que está sucediendo en la misma. Es aconsejable preparar un esquema de lo que vamos a decir, tendremos dos minutos para hacerlo. La grabación tendrá como máximo noventa segundos.

Opción 1:

Opción 2:

Describa la fotografía. Estos son los aspectos que tiene que comentar:

- Qué protagonistas hay y qué relación existe entre ellos.
- Cómo son esos protagonistas y qué ropa llevan.
- Qué están haciendo y cómo cree que se sienten.
- En qué lugar se encuentran y cómo es.
- Qué objetos hay, cómo son y dónde están.

Tiene dos minutos para preparar la tarea. Tiene de 1 a 2 minutos para realizar la tarea.

....

TAREA 3

PARTE 1

Elija una de las siguientes situaciones. Lea las instrucciones y grabe su respuesta. Tiene 1 minuto y medio para realizar la tarea.

⚠ La tarea 3 consta de dos partes, en ambas deberemos elegir entre una de las dos situaciones que se nos plantean y grabar un monólogo respondiendo a todos los puntos que se nos piden. Cada una de las grabaciones tendrá como máximo noventa segundos.

Situación 1. Rechazar una oferta de trabajo.

Una empresa donde usted ha realizado una entrevista de trabajo le ha seleccionado. Sin embargo, usted no desea aceptarlo, tiene que:

- disculparse;
- explicar las razones por las que no va a aceptar la oferta;
- proponer diferentes opciones de colaboración.

Situación 2. Buscar un profesor de español para sus hijos.
Usted desea que sus hijos aprendan español y ha decidido buscar un profesor. Tiene que:

- informar de lo que necesita;
- hablar sobre los gustos de los niños y su nivel de español;
- explicar cómo llegar hasta su casa y qué días pueden tener clases sus hijos.

PARTE 2
Elija una de las siguientes situaciones. Lea las instrucciones y grabe su respuesta. Tiene 1 minuto y medio para realizar la tarea.

Situación 1. Cancelar una cita con un amigo.
Usted ha quedado con un amigo de la infancia y no puede ir. Tiene que:

- disculparse;
- explicar las razones por las que no puede ir;
- proponer otro encuentro.

Situación 2. Vender su piso.
Usted ha decidido vender su piso. Tiene que:

- indicar por qué necesita el dinero ahora;
- explicar las características y cosas buenas que tiene su piso;
- hablar sobre el precio del piso.

TAREA 4

Elija uno de los siguientes temas para hablar sobre él en las tareas 4 y 5.

⚠ En la tarea 4 elegiremos entre dos temas, posteriormente tendremos que leer un texto de entre 80 – 120 palabras y, finalmente, escucharemos tres preguntas sobre el texto. Deberemos responder ofreciendo nuestra opinión, haciendo hipótesis y ofreciendo información que puede ser verídica o no. Esta tarea está enmarcada dentro del nivel B2 del MCER. La grabación de cada respuesta durará como máximo sesenta segundos.

La carne artificial   El coche sin conductor

Lea el texto. A continuación, escuche cada pregunta y grabe su respuesta.
Tiene usted 1 minuto para responder cada pregunta.

Opción 1. La carne artificial

LA CARNE ARTIFICIAL

Un equipo de científicos está trabajando en la creación de carne a partir de células animales. Este nuevo alimento se cultiva en un laboratorio y no requiere del sacrificio de seres vivos, por lo tanto, podría ser consumido por vegetarianos. Los científicos aseguran que su producto es idéntico a la carne original a nivel molecular y celular. También declaran que pueden controlar el nivel exacto de grasa que debe tener cada filete y evitar al 100% la contaminación bacteriana del mismo. Los científicos creen que la popularización de su carne artificial podría detener la matanza masiva de animales en todo el mundo.

Pregunta (audio): Mucha gente opina que será muy difícil conseguir que un número significativo de personas cambie sus hábitos de consumo y se atreva a probar este nuevo tipo de carne. ¿Qué opina usted?

Pregunta (audio): En cuanto a los vegetarianos, ¿cree usted que aceptarían este tipo de carne?

Pregunta (audio): ¿Es usted partidario de la experimentación con animales para permitir a la ciencia avanzar?

Opción 2. El coche sin conductor

EL COCHE SIN CONDUCTOR

Varias empresas compiten hoy en día por ser las primeras en implantar los vehículos automáticos, es decir, que pueden circular sin conductor. Algunas de estas empresas ya han realizado experimentos con sus prototipos en situaciones con tráfico real, algunos con más éxito que otros. Los propulsores de esta iniciativa aseguran que la implantación de vehículos sin conductor reducirá tanto los costes de transporte de mercancías como el número de accidentes. Mientras que las personas que están en contra de esta tecnología piensan que poner nuestras vidas en manos de máquinas es una insensatez.

Pregunta (audio): ¿Qué opina sobre los coches sin conductor?

Pregunta (audio): ¿Compraría un vehículo de este tipo?

Pregunta (audio): ¿Cómo cree usted que se transportarán las mercancías dentro de 50 años?

TAREA 5
Seleccione una de las dos opciones. Después, tiene 2 minutos para preparar una argumentación a favor o en contra de la opción elegida. No olvide:

⚠ La tarea 5 dependerá de la opción escogida en la tarea 4, tendremos que elegir entre dos opciones relacionadas con el tema anteriormente tratado. Durante dos minutos prepararemos un monólogo que deberemos grabar en un tiempo máximo de cuatro minutos. Deberemos expresar nuestra opinión, defenderla con argumentos o incorporar diferentes puntos de vista. (Nivel C1)

- presentar su posición al respecto;
- justificar su posición exponiendo sus argumentos;
- ejemplificar;
- concluir dejando clara su postura.

Tiene de 3 a 4 minutos para realizar la tarea.

LA CARNE ARTIFICIAL

Opción 1
Es una idea genial que podría detener la matanza excesiva de animales, así como acabar con el hambre en el mundo.

Opción 2
Jugar a ser Dios es peligroso, y este tipo de experimentos puede traer consecuencias desastrosas.

EL COCHE SIN CONDUCTOR

Opción 1
Se perderán muchos puestos de trabajo y el desempleo aumentará hasta niveles insostenibles.

Opción 2
Todo lo que ayude a reducir los accidentes de tráfico es una fantástica idea, debería potenciarse esta tecnología y, en el futuro, ilegalizar el conducir un coche sin ayuda de un sistema automático.

SOLUCIONES DE LA PRUEBA DE EXPRESIÓN E INTERACCIÓN ORALES

El examinador dará dos puntuaciones a cada tarea, Cumplimiento de la tarea y Uso de la lengua, de 0 a 5 puntos.

⚠ **Las respuestas deben ser fluidas. Es importante utilizar el tiempo de preparación. No debemos olvidar responder a ninguno de los puntos que se nos piden.**

MODELO 0

En la web oficial del examen SIELE podemos realizar un examen de prueba.
https://examendemo.siele.org/

Es recomendable hacer este examen para familiarizarse con la mecánica del SIELE, sin embargo, en internet no encontraremos las respuestas correctas. Podrás corregir tus ejercicios en las pruebas de comprensión de lectura y comprensión auditiva con las respuestas que tienes a continuación.

SOLUCIONES DE LA PRUEBA DE COMPRENSIÓN DE LECTURA

TAREA 1
1 - a, 2 - b, 3 - a, 4 - a, 5 - a

TAREA 2
1 - b, 2 - c, 3 - b, 4 – a, 5 – c

TAREA 3
1 – a, 2 – b, 3 – a, 4 – b, 5 – a, 6 – c, 7 – c, 8 – a

TAREA 4. Texto 1
1 – e, 2 – c, 3 – d, 4 - a

TAREA 4. Texto 2
1 – e, 2 – d, 3 – a, 4 – c

TAREA 5
1 – b, 2 – a, 3 – a, 4 – a, 5 – a, 6 – b, 7 – c, 8 – c, 9 – b, 10 – a, 11 – c, 12 – c

RESULTADOS DE LA PRUEBA

Nivel inferior a A1
Entre 0 y 4 aciertos.

Nivel A1
Entre 5 y 9 aciertos.

Nivel A2
Entre 10 y 17 aciertos.

Nivel B1
Entre 18 y 26 aciertos.

Nivel B2
Entre 27 y 32 aciertos.

Nivel C1
Entre 33 y 38 aciertos.

SOLUCIONES DE LA PRUEBA DE COMPRENSIÓN AUDITIVA

TAREA 1
1 – h, 2 – e, 3 – l, 4 – j, 5 – ñ

TAREA 2
1 – b, 2 – a, 3 – c, 4 – c, 5 – b

TAREA 3
1 – f, 2 – k, 3 – c, 4 – e, 5 – i, 6 – j, 7 – h, 8 – b

TAREA 4
1 – b, 2 – a, 3 – a, 4 – c, 5 – c, 6 – b, 7 – a, 8 – a

TAREA 5
1 – c, 2 – b, 3 – a, 4 – a, 5 – c, 6 – b

TAREA 6
a – c – f – h – j – l

RESULTADOS DE LA PRUEBA

Nivel inferior a A1
Entre 0 y 4 aciertos.

Nivel A1
Entre 5 y 9 aciertos.

Nivel A2
Entre 10 y 17 aciertos.

Nivel B1
Entre 18 y 26 aciertos.

Nivel B2
Entre 27 y 32 aciertos.

Nivel C1
Entre 33 y 38 aciertos.

Recomendaciones

· **Escribe mucho**; el examen SIELE se realiza con un ordenador, por lo que deberías practicar tu escritura con el teclado español antes: escribe en tu casa utilizando un procesador de texto con el diccionario activado, de este modo podrás corregir tus errores de ortografía. También puedes corregir tus textos en https://spanishchecker.com/, https://www.mystilus.com/ o https://languagetool.org/

· **Haz monólogos en casa**; en muchas ocasiones puede resultar poco natural hablar sin tener otra persona con la que interactuar, puedes practicar en casa grabando tu voz con el ordenador o el teléfono. Es recomendable practicar tanto esta parte del examen como la parte escrita con un profesor particular. Seguro que encuentras alguno cerca en tu ciudad, también hay muchos profesores que ofrecen clases online.

· **Disfruta del cine y las series**; en la web http://www.rtve.es/ puedes ver series y programas de televisión en español con subtítulos. En YouTube hay cientos de videos para estudiantes. Algunas buenas películas en español que puedes ver son:
 - Ocho apellidos vascos (2014). Comedia. Cuenta la historia de un andaluz que va al País Vasco, antes de ver la película es recomendable leer un poco sobre la cultura vasca.
 - Kamikaze (2014). Comedia, drama. Un terrorista quiere detonar una bomba en un avión ruso, sin embargo, el destino cambia sus planes al conocer a los pasajeros del vuelo.
 - Relatos salvajes (2014). Comedia negra, drama. Seis historias cortas unidas por una temática, la delgada línea que separa un simple conflicto de la locura.
 - Celda 211 (2009) Thriller. Un funcionario de prisiones queda atrapado en una cárcel durante un motín, una historia de supervivencia con un toque dramático.
 - La isla mínima (2014). Thriller policiaco. Año 1980, poco después de terminar la dictadura franquista, en un pequeño pueblo andaluz asesinan a dos muchachas, desde Madrid envían a dos detectives para resolver el caso.
 - El laberinto del Fauno (2006). Fantasía, drama. Una niña de 13 años viaja con su madre a una zona de guerrilla en la España de 1944, por el camino encuentra un extraño insecto que la sumerge en un mundo de fantasía.
 - Tres metros sobre el cielo (2010). Romance. La cinta cuenta la historia amorosa entre un joven indisciplinado y una chica de familia acomodada.
 - El secreto de sus ojos (2009). Suspense. Un agente judicial investiga un antiguo caso de asesinato que no quedó claro.
 - Contratiempo (2017). Suspense. Un acusado se prepara con una profesional para defenderse en un juicio, se le acusa de asesinato.
 - La casa de papel (2017). Serie de acción. Un grupo de ladrones trata de llevar a cabo el mayor robo de la historia.

· **Escucha música en español**; puedes buscar canciones de artistas como: Joaquín Sabina, La Oreja de Van Gogh, Enrique Iglesias, Juanes, Estopa, M-Clan, Álvaro Soler, Alejandro Sanz, Efecto Pasillo, Amaral, Shakira, Café Quijano, Jarabe de Palo, Mecano, Celtas Cortos, Carlos Vives, Ricardo Arjona, Manu Chao etc.

· **Lee libros**; puedes encontrar infinidad de títulos en español, las novelas originales suelen ser difíciles y solo las recomendaría leer a partir de tener un nivel C1 de español. Sin embargo, hay muchísimos libros de lectura adaptados a los diferentes niveles.

LIBROS QUE TE PUEDEN INTERESAR

"NUEVO DELE A1", cuaderno de ejercicios para preparar la prueba de español DELE A1. Incluye tres modelos completos del examen, ejercicios de preparación, consejos, audios y soluciones.

"Nuevo DELE A2", es un manual para preparar el examen de español DELE A2, contiene 4 modelos completos del examen, soluciones, consejos y ejercicios de vocabulario.

"Nuevo DELE B1", es un manual para preparar el examen de español DELE B1, contiene 4 modelos completos del examen, soluciones, consejos y ejercicios de vocabulario.

"Nuevo DELE B2", manual para preparar el examen de español DELE B2, contiene 4 modelos completos del examen, soluciones, audios, consejos y ejercicios de vocabulario.

"24 horas, para estudiantes de español" es una novela criminal adaptada para estudiantes, con una gramática muy sencilla que se puede entender sin problemas a partir del nivel A2 en adelante. La historia tiene lugar en Alicante, contiene aclaraciones de vocabulario, ejercicios y un juego de pistas.

"La prisión: elige tu propia aventura" es una novela para los estudiantes de nivel más avanzado. Tiene 31 finales diferentes a los que llegaremos tomando diferentes decisiones. El objetivo es escapar de la prisión.

"Materiales para las clases de español" es un libro con cientos de recursos que los profesores pueden utilizar en sus clases. Incluye ejercicios de todo tipo y para todos los niveles, tanto para clases individuales como para grupos. El libro en sí, es una fuente de inspiración para los docentes.

"Hermes 2, para practicar el subjuntivo" es una novela de ciencia ficción para estudiantes de español. Leyendo las aventuras de la tripulación de una moderna nave espacial, podrás practicar los diferentes tiempos del modo subjuntivo.

"Vocabulario español A1" es un diccionario ilustrado por categorías y multitud de ejercicios para estudiantes de primer año de español. Es perfecto para consolidar el nivel básico de español. Incluye multitud de actividades online.

"Conversación, para las clases de español" es un libro para profesores de español con multitud de ejercicios de expresión oral. Un manual con debates, situaciones de rol, ejercicios de exámenes, juegos y mucho más.

"Spanish for Business", es un manual para todas aquellas personas que utilizan la lengua española en su trabajo. El libro incluye un modelo completo del examen DELE B2.

AGRADECIMIENTOS

A mi pequeño campeón que tenía un añito mientras yo escribía este libro y se portaba muy bien.

A mi súper mujer que vale por diez, me ayuda y apoya en cada momento de mi vida.

A mi padre y a mi hermana, las primeras personas que leen mis libros y cuyos consejos me son de gran utilidad.

A mi madre que, aunque ya no esté entre nosotros, sigue siendo una fuente de inspiración inagotable.

A mi buen amigo Melez, diseñador gráfico que hace las mejores portadas del mundo.

A ti, por haber leído este libro. Espero haberte ayudado a realizar la prueba SIELE con éxito, si tienes cualquier duda, escríbeme a: ramondiezgalan@gmail.com

Si puedes dejar un comentario sobre el libro en la página web donde lo compraste me ayudarías muchísimo ☺

PARA MÁS CONTENIDO GRATUITO, ÚNETE A LA COMUNIDAD DE INSTAGRAM:

EL SEMÁFORO ESPAÑOL

Printed in Great Britain
by Amazon